LA PSYCHANALYSE
ET LA VIE

DOMINIQUE MILLER

LA PSYCHANALYSE ET LA VIE

Odile Jacob

15, rue Soufflot, 75005 Paris

www.odilejacob.fr

ISBN : 2-7381-1589-6

À José

Introduction

HEUREUX MÊME BANCAL

On peut vivre heureux même bancal. Tout homme a au fond de lui une discordance. Il n'a pas le choix. Pour autant, il peut vivre avec cette division ; il peut même s'en servir. Elle est là, la force de la vie !

Une partie l'attire vers l'idéal, la création, la vie. Elle fait de lui un acrobate pour accorder cette envie qui le pousse avec ce que la société permet, admet ou bien refuse. Et puis une autre partie l'entraîne du côté du ratage, de l'aversion, de la destruction, de la mort. De ce côté-là, il est un rebut, un coupable et s'enlise dans le marasme, l'inertie, parfois la magouille ou même le forfait. Il en veut à la société. Mais cette rancune se porte aussi bien sur un autre, souvent le plus proche, le semblable, que sur lui-même.

Ces deux parties vivent ensemble en chacun de nous. Elles rivalisent, et nous déchirent. L'existence de chacun suit les inspirations de ces deux forces nommées autrefois par Freud « pulsions de vie », Éros, et « pulsions de mort », Thanatos.

Cette lutte est l'essence même de l'humain. Elle est déterminante et agit dans tous les choix de la vie, amoureux, familiaux, professionnels, relationnels. Pour supporter ce drôle de drame, chacun se construit une béquille intérieure qui l'aide à réconcilier Éros avec Thanatos. D'où sa morbidité, mais aussi sa richesse. Cette béquille, essentielle, permet à l'homme de soutenir son existence.

Beaucoup parviennent à cet accomplissement sans la psychanalyse. Ils font de leur discordance leur chose. Ils réussissent à maîtriser leurs fantômes, ce qui leur donne une chance de s'en servir. Ils exploitent ainsi la valeur positive de leur déséquilibre.

C'est à ce titre que l'expérience d'un Pierre Gagnaire, le célèbre chef de cuisine français, est exemplaire pour la psychanalyse. Cela peut surprendre car, habituellement, la psychanalyse parle des êtres qui souffrent. Lui, ne lui demande rien : il a réussi, il est reconnu. Eh bien ! c'est justement l'accomplissement dont il témoigne qui est intéressant. Car cet accomplissement dit qu'il existe des déséquilibres féconds. Mais alors, pourquoi parler de déséquilibre dans ces conditions ? Pierre Gagnaire nous met sur la voie. Si l'on en croit ses confidences publiques, cet accomplissement est le résultat d'un retournement de sa position.

Ce que Pierre Gagnaire a accompli n'allait pas de soi, mais il l'a réalisé en prenant de front ce qui était à l'origine une difficulté personnelle, subjective. Il a fait d'une épreuve un ressort vital. Il se défend d'être un artiste et revendique son talent comme étant du « bricolage » : « J'ai trouvé, explique-t-il, un mode d'expression, déconstruit ce que j'avais appris et depuis... je bricole [1]. » Jacques Lacan ne le disait pas autrement : on bricole. On bricole avec ce que l'on est, avec ce que votre histoire vous a fait, avec ses failles. Il n'échappe pas à ce fervent de l'art culinaire que ce « bricolage », la « décomposition » qu'il fait subir aux aliments, s'inspire de celle qu'il s'est imposée pour surmonter son aversion. Il dit avoir « subi la cuisine » durant son enfance, avec son père, un aubergiste. Il y a puisé la source de cette fascination pour la cuisine dont il n'aurait jamais soupçonné qu'elle devienne un jour un besoin vital. Cette nécessité a fait loi ; il a su en tirer parti et convaincre, au point d'atteindre une réputation mondiale.

Prenons encore un exemple, le milliardaire Steve Fosset. À 40 ans, cet homme qui avait, selon les critères habituels, « réussi » sa vie, décide de « changer de cap ». Il quitte alors la sécurité de sa société de courtage à la Bourse de Chicago, et le luxe exorbitant de sa résidence de San Francisco. Depuis, il court la planète à la recherche des défis qui ont tous un point commun : mettre sa vie en danger. Cet homme semble ne pas pouvoir exister sans dépasser les limites. Ce fut d'abord celles de l'argent, mais cela ne lui a pas suffi. Désormais, il additionne les paris impossibles : les Vingt-Quatre Heures du Mans, le Paris-Dakar, la course nautique *The Race* (célèbre pour être celle qui n'a pas de limite et pas de règlement), la traversée de la Manche à la nage, le premier tour du monde en ballon qui faillit lui coûter réellement la vie… « Le summum, dit-il, c'est ce que j'appelle un *lifetime record*, un record qui ne devrait pas être battu de votre vivant. Je crois que j'en ai quelques-uns[2]. » Comme Gagnaire avec son goût pour la décomposition, Fosset trouve dans le goût du danger un ressort fondamental pour sa vie. Le danger est sa béquille.

Si beaucoup ont su, comme Gagnaire et Fosset, trouver la bonne démarche avec leur déséquilibre, pour certains, le recours à la psychanalyse est parfois nécessaire. Leur béquille intérieure ne suffit pas à les soutenir.

Le malentendu est grand s'agissant de l'intervention de la psychanalyse sur cet équilibre boiteux ! On croit habituellement qu'il faut tout faire pour l'éliminer, parce qu'il fait souffrir, mais aussi parce qu'il y a en lui quelque chose qui déraille, dérape, embarrasse et entrave. De plus, cette discordance est rebelle. Elle gêne l'individu et la société. Aussi, il faut rétablir l'équilibre, croit-on. Ceux qui s'adressent à la psychanalyse sont les premiers à le demander.

Mais faisons l'hypothèse que chacun s'organise autour de sa discordance – comme ont pu le faire Pierre Gagnaire et Steve Fosset – au point que cette béquille devienne une véritable charpente. L'éliminer reviendrait à déstructurer le sujet. Cette béquille est ce qui le tient, malgré les allures bancales qu'elle lui donne. De cette infirmité, de ce handicap, de cette souffrance, la psychanalyse tente précisément de faire un compagnon tranquille, ou mieux encore, une solution [3]. C'est en tout cas sa proposition : trouver dans cet équilibre boiteux la solution qu'il inspire à chacun. La psychanalyse offre de faire de son malaise un levier, d'y puiser la source d'une énergie essentielle une fois délestée de ses entraves. Cette énergie est alors, à l'envers de la souffrance, créatrice. Ce retournement s'appuie sur la destinée et les fantasmes pour en faire la matière de cet être nouveau. Comme si un sculpteur reprenait la glaise d'une œuvre ébranlée pour remodeler un nouveau sujet, tout en se servant des traces essentielles de l'œuvre ancienne. Le nouveau a la charpente de l'ancien et l'inspiration de la vie.

Les psychothérapeutes se servent de la parole apparemment comme la psychanalyse. Là où ils s'en séparent, c'est qu'ils croient que parler suffit à rétablir l'équilibre. Le risque, c'est qu'ils laissent la parole s'écouler, et que les mots les abusent et noient le patient et son psychothérapeute dans le blablabla. Poussé à son extrême, donner trop de poids à la parole peut même produire le pire. Quand on presse quelqu'un de parler à tout prix, convaincu de pouvoir le sauver de ses démons, il arrive que ceux-ci sortent de leur refuge. On se laisse alors envahir par ses monstres dans les mots. Or, pour un psychotique, les mots sont du réel, et, quand ils se déchaînent dans leur discours, ils risquent de détruire en vrai, une fois que le patient est sorti dans la rue et rendu à lui-même. Pour la plupart, le culte de la parole et de la réponse donnée qu'entretient la psychothérapie finit par fabriquer des prothèses artificielles, des échafaudages branlants. Au contraire, donner à la disharmonie sa valeur pousse chacun à s'inspirer de ce qu'il a de plus singulier pour édifier une nouvelle construction. À chacun son déséquilibre ! À chacun son symptôme ! Cette offre est une chance pour chacun de s'inscrire dans le lien social, au lieu de rester confiné dans le monde clos de sa névrose. Une fois dégagé de son être douloureux qui obsède et accapare, on peut alors plus librement regarder vers l'extérieur. Le monde social dont on choisit d'être un acteur est souvent proche de celui qui avait emprisonné son être. Car on sait, mieux que d'autres, comment le prendre.

Aujourd'hui, la psychanalyse entrevoit et établit un rapport jusque-là impensable avec la société. Cela tient à l'évolution des femmes et des hommes qui viennent à elle. Ils se trouvent pris dans la quête actuelle, impérative, du plaisir, de l'émotion, de la sensation. La discordance, qui était jusqu'à présent associée à une impuissance, un déficit, un embarras, est désormais associée aussi à l'excès, à une frénésie, à une véritable dépendance. Au point que nous pouvons parler de « nouveaux symptômes [4] » qui sont partie prenante de la civilisation actuelle. Femme hantée par la stérilité, ou bien obsédée par son image, femme dépressive, ou encore hyperactive, indépendante, jeune fille boulimique, homme qui cultive l'impuissance, ou que son homosexualité exile, jeune garçon tracassé par le « syndrome de Tanguy » : les itinéraires d'analyse que nous racontons ici montrent ces nouveaux symptômes à l'œuvre. Ils traduisent la perspective qui est la nôtre : permettre à chacun de découvrir sa propre responsabilité et sa complicité avec sa discordance. Dans cette perspective, certains, parvenus au terme de leur analyse, trouveront comment user de leur désordre structurel et faire de leur discordance un instrument de création, issue souvent inimaginable au départ.

Or, si dans le passé, les troubles affectifs isolaient les « malades », aujourd'hui ils rassemblent. L'extrême tristesse que supposait la neurasthénie, la mise en scène hystérique qui mimait la paralysie, la transe obsessionnelle, la pensée obsédante, la phobie paralysante et, il y a peu, la dépression, l'angoisse et même la tendance homosexuelle les assimilaient à des êtres malsains, voire à des possédés qu'il fallait enfermer. Aujourd'hui, la quête impérative du plaisir, la recherche extrême de la sensation, la promotion de l'excès, imposent une nouvelle façon d'être ensemble, de faire groupe et conduisent à l'éclosion de nouvelles formes de communautés. La passion discordante est désormais sociabilisable. L'excès fait groupe. Là est sans doute l'une des caractéristiques essentielles des nouveaux troubles dont témoigne notre époque. Citons la mode des sports extrêmes qui séduit de plus en plus la multitude, comme si elle était accessible à tous. Les voilà réunis volant au gré des vents les plus capricieux, gravissant les sommets des montagnes, glissant sur des pentes escarpées, luttant contre des torrents déchaînés, solitaires sur des mers démontées ou encore plongeant au fond de gouffres abyssaux. Une nouvelle société est née, qui construit des groupes solidaires autour de sensations fortes là où, par le passé, les exploits se conduisaient en coulisse et en solitaire. L'extrême attire, là où auparavant, il faisait reculer. Comment comprendre cette coïncidence entre l'éclosion d'un mode de vie personnel et la formation d'une communauté autour de ce même mode jusqu'à en faire une mode ? Peut-être peut-on parler là, en reprenant le titre du célèbre film d'Elia Kazan, d'un « arrangement social » ?

Les cybernautes, les joggers, les workaholics, l'humanitaire ne sont-ils pas encore d'autres « arrangements sociaux » qui fondent notre modernité ? Le retour de l'individualisme qui a caractérisé la fin du XXe siècle est sans doute à l'origine de ce mouvement où ce sont les modes de satisfaction qui font groupe, là où naguère on se rassemblait autour d'un idéal.

L'arrangement social y tient une place essentielle, il pourrait bien être ce qui donne une cohésion au groupe qu'il conditionne. Nous sommes portés à penser que ces arrangements sociaux ont une véritable action sur la société elle-même.

Un dernier mot : cela peut surprendre de voir ainsi la psychanalyse se mêler du souci collectif. Il est vrai qu'elle est restée longtemps à part, certainement trop longtemps, trop à distance. L'époque l'a transformée. Elle retourne dans la cité pour la même raison qu'elle restait auparavant cantonnée dans les cabinets des analystes : pour rappeler la place que prend le plaisir dans la disharmonie intime. Elle est désormais convoquée sur la place publique quand le plaisir devient excès et débordements. Car c'est bien ceux-là qui génèrent, d'un côté, l'éclosion de « nouveaux symptômes » et, de l'autre, la formation des « arrangements sociaux ». Dans les uns, des êtres seuls se soutiennent ou s'attachent à cette aliénation obsédante et cruelle comme à une toxicomanie. Dans les autres, des êtres communautaires s'aliènent ensemble par la seule reconnaissance de leur dépendance commune. Ma pratique analytique me fait dire que ces dissonances, quand elles sont éclairées, pourraient bien être pour chacun comme pour la cité elle-même une ressource nouvelle d'invention. Alors pourquoi les étouffer ?

I

QUAND LE MALAISE DEVIENT UN HANDICAP

Dans les quarante dernières années, s'est opérée une évolution radicale des mœurs. Être fille-mère, être adopté, être enfant naturel ou de parents divorcés, avoir avorté, ne représentent plus une faute aux yeux de la société. La génération du *baby-boom* a été à l'origine d'une incontestable libération de la morale qui l'a émancipée. Et pourtant, la discordance intérieure des êtres se manifeste toujours autant. Des enfants, des hommes et des femmes témoignent de leur malaise, développent des névroses et des maladies somatiques, et cherchent à se soulager auprès de toutes sortes de thérapeutiques. C'est donc bien que la discordance intime n'est pas un fait culturel, mais structurel.

La psychanalyse remarque tout de même une différence essentielle : ces symptômes s'inscrivent dans un registre nouveau. Excès et dépendance les caractérisent et s'affirment comme de nouvelles manières de se sentir mal. C'est de là qu'a surgi l'idée des « nouveaux symptômes ». Ceux-ci sont venus s'ajouter aux autres déjà connus et toujours présents : l'inhibition, l'embarras ou l'empêchement. Ces anciens symptômes se déclinent sur le mode du moins et du déficit ; les nouveaux sur celui du plus et de l'excédent. Les « nouveaux malades » cherchent trop le plaisir. Tout se passe comme s'ils souffraient du dépassement de leurs limites. Cette souffrance s'affiche comme une manière de faire vivre en eux une morale intérieure, quand la morale des hommes n'y suffit plus. Il en résulte un décalage qui leur signale qu'ils cherchent à vivre au-dessus de leurs moyens psychiques et souvent physiques. D'où une disharmonie qui les torture.

Hier, on arrivait à l'analyse en se plaignant de ne pas avoir, de ne pas pouvoir, de ne rien valoir. Aujourd'hui, on y arrive aussi parce qu'on ne peut pas s'empêcher de vouloir, de faire, d'être... trop. Nous relatons ici l'histoire de quatre personnes qui justement se débattent avec le moins mais aussi avec le trop.

Martine voulait être mère, rien d'autre

LA HANTISE DE LA STÉRILITÉ

Martine voulait être mère. C'était un droit. Elle avait 36 ans, et ne s'est adressée à une psychanalyste que pour ça. Elle payait déjà un lourd tribut à la médecine, en temps, en argent, en déplacements, en souffrance physique et morale. Elle venait après une troisième fausse couche et une année de traitements contre cette stérilité à éclipse. On lui avait dit qu'elle devait aller à la racine de ses conflits, et qu'une pratique de la parole comme celle que je lui proposais devait pouvoir accomplir son vœu, mieux que la médecine. Elle n'avait pas un ton catégorique, mais ce fut dans ces termes tranchés qu'elle m'a parlé la première fois.

Face à une demande aussi pressante, aussi cruciale, il fallait faire preuve d'une certaine invention. Cette femme venait chercher une réponse. Et le risque était de s'inscrire dans la série des prises en charge qu'elle avait additionnées, depuis la multitude des traitements médicaux désormais offerts en cas de procréation médicalement assistée, jusqu'à la consultation à deux reprises d'une voyante. Il n'y avait pas à souscrire à la réponse médicale comme telle. Que, pour la médecine, la stérilité soit un désordre physiologique, l'effet d'un dérèglement, et qu'il faille supprimer celui-ci, est dans sa logique soignante. Que, de surcroît, elle propose une action technique pour atteindre cette visée thérapeutique, là encore, elle est fidèle à son optique. Mais, toute autre prise en charge de ce malaise, qui prétendrait reprendre à son compte le même objectif : guérir le corps, avait de fortes chances d'aboutir au même échec.

Il n'y avait aucune raison de réussir là où la médecine avait été vaincue par cette femme. En s'adressant à une psychanalyste, elle venait chercher une réponse d'un autre ordre, qui supplée aux échecs des médecins. C'est pourquoi une telle pratique de la parole ne pouvait pas poursuivre le même but, et avoir le projet d'éliminer la stérilité. C'eût été se poser en technicien, au même titre qu'un médecin, et à faire de la parole un outil pratique, un instrument. Une telle conception de la parole n'aurait pas été différente de celle que cette patiente a rencontrée dans ses tentatives d'insémination artificielle. Un médecin qui pratique une insémination ne s'intéresse pas à la cause profonde de la stérilité. La pratique analytique vise, au contraire, la cause affective du mal, en donnant à la parole le pouvoir de découvrir l'invisible et l'impensable.

Face à l'impasse de la médecine, il y avait à prendre la stérilité de Martine non plus seulement comme une maladie du corps, mais aussi comme une maladie de l'esprit [5].

Une défense à la hauteur de la souffrance

En décidant de tourner le dos à la technicité médicale, elle désignait elle-même une autre origine à sa maladie, qui mettait en cause ce désir affirmé d'être mère. Là était la difficulté : comment admettrait-elle ne serait-ce que d'interroger ce désir-là, dont elle avait la conviction profonde ? Fidèle à son penchant pour la maîtrise, elle aurait bien voulu mettre sa nouvelle interlocutrice au pas de sa propre résistance, pour ne pas s'affronter à ce savoir caché. Elle n'envisageait sa stérilité et ses traitements que comme des accidents de parcours sur le chemin de la maternité, ayant de grandes difficultés à se poser la question de la raison de sa détresse. Aussi, était-elle rebelle à toute expression de l'inconnu. Et, comme la parole a la faculté de donner une réalité aux choses, qu'elles soient plaisantes ou insupportables, conscientes ou ignorées, elle se sentait traquée dans cette expérience. Venir à sa séance, raconter un rêve, traduire une émotion, faire part d'un événement inhabituel ou de pensées incongrues, elle y consentait à condition que cela n'ouvrît aucune brèche, ne laissât aucune incertitude, aucun soupçon même, et, au contraire, vînt compléter et boucher les trous. Chez elle, la confrontation avec un défaut de savoir était toujours accompagnée d'une angoisse qui provoquait l'urgence d'une explication nouvelle. Elle voulait réduire tout le savoir obtenu à du savoir-faire de l'analyste. Elle entendait se servir de sa psychanalyste pour trouver le mot qui manquait, afin de regagner la bonne voie.

La défense de cette femme tirait sa force du désespoir que recouvrait cette demande d'être mère. Brusquer la défense risquait de heurter cette souffrance et de provoquer l'insupportable. Et elle n'a jamais manqué l'occasion de signaler la frontière à ne pas dépasser. La marge était étroite, l'essentiel étant de favoriser un savoir qui puisse porter à conséquence.

Le savoir sur elle-même auquel elle a consenti s'est ainsi formé par petites touches, progressivement, au rythme de sa résistance, le rythme nécessaire à son consentement. Tout en prenant appui sur sa quête d'une identité maternelle, elle a fini par mettre au jour ce que celle-ci recouvrait. Elle s'évertuait à extirper de son monde intérieur le manque maternel, non pas en l'effaçant, mais au contraire en l'occultant, et elle le perpétuait.

Sans famille

Martine n'a pas eu de mère, au sens où sa propre mère n'a pas tenu sa place auprès d'elle. Par incapacité psychique, celle-ci a été d'une carence considérable, laissant sa fille assumer très jeune ce rôle de « petite mère », dont elle la gratifiait. Enfant sérieuse, raisonnable et protectrice, elle prit sur elle de pallier la désinvolture et l'irresponsabilité dont sa mère fit preuve tout au long de son enfance et de son adolescence. Elle affirmait, à ce propos, qu'elle n'avait pas eu d'enfance et qu'elle s'était retrouvée plus souvent qu'à son tour l'*alter ego* de sa génitrice, s'efforçant d'exister aux yeux de celle qui était trop occupée à vivre, vaille que vaille, sa vie de femme, au détriment de ses responsabilités maternelles. Ayant renoncé à compter sur celles-ci, Martine faisait le plus souvent office de confidente et de conseillère en matière de stratégie amoureuse pour sa mère. Son père avait fui très loin, vers un autre continent, les dérèglements de sa femme, laissant sa fille aux prises avec le ravage maternel. Irresponsabilité, individualisme, démission, sont autant de qualificatifs qu'elle attribuait à l'un comme à l'autre. Des qualificatifs qui tous indiquaient la défection de ses deux parents. Cette carence agissait en elle, prenant la forme du manque auquel ils la soumettaient, un manque irréductible. Puisque telle était leur seule transmission, elle s'en saisit. Elle la positiva, en palliant les manques que les autres ressentaient.

Ainsi, elle choisit de combler le manque des autres pour oublier le sien. Cela a donné naissance à sa ténacité et à sa générosité plutôt suspectes. La ténacité dont elle faisait preuve à l'égard de sa stérilité, elle pouvait tout autant la mettre au service de quiconque manquait de quelque chose ; il n'était pas rare qu'elle s'occupe des démarches administratives de sa gardienne, de sa femme de ménage ou d'une amie, quand celles-ci se confrontaient à des labyrinthes dans lesquels elles se noyaient ; de même, sa générosité prenait des formes excessives, hors des conduites habituelles ; elle était toujours prête à garder les enfants de l'une – la nuit s'il le fallait, à prendre sa voiture pour faire une course à cent kilomètres ; pour rendre service à une autre à préparer le dîner pour une vingtaine de personnes qu'elle apportait chez son ami célibataire qui avait lancé l'invitation pour fêter son anniversaire. Elle se plaignait de cette pente oblative, tout en en revendiquant la valeur humanitaire. Cette humanité s'avérera inscrite en droite ligne de son malaise fondamental.

Par contre, elle ne supportait pas que, de l'autre côté, un homme s'offre à combler son manque. Ainsi, elle nourrissait une profonde défiance à l'égard de ceux qui prétendaient assumer un rôle de père pour l'enfant qu'elle désirait avoir. Il était, à ce propos, remarquable de constater que ses partenaires amoureux se répartissaient en deux catégories qui, toutes deux, satisfaisaient cette défiance. Elle se liait plutôt avec des hommes mariés qui étaient dans l'impossibilité d'assumer un rôle de père, étant pris ailleurs. Et elle consentait à avoir une relation avec des hommes célibataires, jusqu'à ce que l'un ou l'autre lui offre le mariage. Alors elle refusait. Il n'était pas question pour elle de se laisser prendre en main. Pas question de laisser un homme devenir le père potentiel de son enfant. Un homme ne pouvait pas conjuguer les rôles d'amant et de père.

La disjonction femme/mère était ainsi redoublée de celle d'amant/père.

Comme elle réclamait à « corps » et à cri une identité de mère, on aurait pu s'attendre à ce qu'elle dépasse ces disjonctions et réunisse son rôle de femme et de mère afin de s'unir à un partenaire qui aurait été aussi un père. Ce *happy end* hollywoodien aurait pu attirer une âme thérapeute en mal de *success story*.

De fait, elle ne désirait pas ce qu'elle affirmait vouloir. Elle le prouvait en refusant la main de celui qui lui offrait depuis plusieurs années de fonder une famille. Et en écartant cet autre homme dont elle avait perdu l'enfant dans une fausse couche et qui espérait toujours.

Une telle position de refus réalisait des aspirations autant impérieuses qu'inconnues pour elle, mais qu'elle semblait préférer à tout. Plus elle avançait dans la connaissance de ses conflits intérieurs, plus on était tenté de croire qu'elle tenait à sa stérilité. Elle faisait preuve d'une division profonde : une partie visible, consciente et revendicatrice [6] qui se voulait le porte-parole de son idéal de maternité, et l'autre, invisible, inconsciente et silencieuse bien que tout autant exigeante [7], tourmentée par des aspirations morbides. Ce clivage était à l'origine de son mal-être que la stérilité exposait [8]. C'est pourquoi il y avait à écouter au-delà de ce qui était dit. Aller savoir de quoi étaient faites ces aspirations dérangeantes.

Une stratégie d'ingérence

Malgré ses airs abrupts, cette femme ne laissait pas indifférent. Affective dans toutes ses relations, aussi bien professionnelles qu'amicales et, bien sûr, amoureuses, on l'a dit : Martine se faisait incontournable et donnait beaucoup de sa personne. Mais, par cette « humanité » elle se satisfaisait plus encore que ceux qu'elle semblait aider. Elle s'imposait auprès d'eux. Nous avons vu comment : en donnant des conseils ou en rendant des services qu'on ne lui demandait pas ; en faisant d'un engagement un impératif absolu – comme une leçon de conduite ou un rendez-vous avec un technicien. Ou encore en prenant fait et cause pour une situation qui *a priori* ne la concernait pas, un homme yougoslave sans papiers – pour ne prendre que cet exemple. De même, le choix de son métier s'inscrivait dans cette logique où elle s'immisçait dans la vie des gens, toujours avec des conséquences cruciales pour eux. Elle était inspecteur des impôts.

Sa vie amoureuse assumait, en fait, le même penchant. C'était une femme qui ne manquait pas de séduction et provoquait l'attachement de ses partenaires. Dans ses relations avec des hommes mariés, elle s'incrustait dans la vie d'un couple, et cherchait à être la maîtresse aimée, la « plus importante ». Et, quand elle repoussait un homme disponible, alors qu'il voulait lui faire une place dans sa vie, là aussi il lui fallait être là où elle n'avait pas sa place.

Cette tendance était le fait d'une stratégie sous-jacente qui déterminait sa manière d'être. « Stratégie d'ingérence » était à proprement parler le nom que l'on peut donner à ce qui, au-delà de la stérilité, représentait un handicap majeur, mais là non plus au sens médical mais affectif.

Évidemment, dans sa relation avec l'analyste [9], l'ingérence était en jeu, mais cette fois, c'est l'analyste qui l'endossait comme un *alter ego* : une autre femme qui, comme elle, s'immisçait dans la vie des autres pour transformer leur existence. Cela avec une différence majeure pour Martine qui, tacitement, admettait que l'ingérence de l'analyste était légitime, requise et désirée.

Un destin d'intruse

Pourquoi cette nécessité de l'ingérence qui la mettait plutôt dans une position délicate ? L'analyse allait permettre de répondre en partie à cette question. Bien sûr, son histoire avait entretenu une telle disposition, et tout spécialement le fait qu'il lui avait fallu, enfant, être sa propre mère. Ensuite, elle a repris cette destinée à son propre compte, et a choisi de vivre son histoire comme une intruse ; il lui fallait s'inscrire là où elle n'avait pas sa place.

De la sorte, la maternité qui *a priori* est pour une femme un acte naturel, une donnée acquise, était devenue pour elle une chose contre nature. La quête de la maternité lui offrait l'occasion de satisfaire sa position d'intruse. Disons que, d'une manière générale, elle vouait à cette condition son existence tout entière. Jusqu'à sa prise en charge médicale, pour laquelle elle ne suivait pas les réseaux habituels, français, reconnus comme très perfectionnés. Elle avait préféré suivre un traitement à l'étranger, ce qui lui compliquait énormément les choses.

Sa relation à l'analyste n'échappait pas non plus à cette règle. Sa façon de faire avec ses rendez-vous, les horaires, la durée des séances, le mode de paiement, ses appels téléphoniques en dehors des séances, ses retards et ses absences – le plus souvent pour suivre ses traitements à l'étranger – faisaient partie de cette stratégie par laquelle elle recherchait un statut à part. Elle demandait à l'analyste que lui soit réservé un régime de faveur. Car, disait-elle, elle n'y était pour rien ; seule la lourdeur de son traitement, la disponibilité et l'éloignement qu'il impliquait mais aussi les contraintes de son métier nécessitaient un tel privilège. Elle demandait à l'analyste, comme elle le demandait à ses amants, ce qu'on ne lui a jamais donné. Cela nécessitait un ajustement de la part de l'analyste pour faire face au caractère impérieux de cette plainte.

C'est ainsi que celle-ci fut tout à fait surprise le jour où sa patiente fondit en larmes alors que, pour la première fois, elle lui demandait le règlement d'une nouvelle séance manquée. Martine, qui était habituée par son métier à mettre au pas nombre de personnes en infraction, n'avait pas supporté qu'on la soumette à la règle analytique. L'intruse n'était pas loin... Elle espérait que l'analyste ferait une exception pour elle... qu'elle ferait d'elle une exception. Cet épisode avait le mérite de mettre en lumière un double aspect de sa place d'exception : celle du rejet et celle du privilège.

On voit par là comment le problème de la stérilité nouait deux aspirations contraires : d'un côté, l'idéal « être mère » qui aurait fait d'elle une femme comme les autres, et, de l'autre, une sorte d'identité instinctive et ignorée d'elle, « être un intrus », qui semblait constituer le blason de son destin singulier. À travers sa demande d'être mère, elle tentait d'ignorer sa position en porte-à-faux. Traiter de front sa stérilité aurait colmaté (et alimenté) secrètement cette blessure. La psychanalyse, en laissant de côté la question de sa guérison, a révélé ce que la maladie perpétuait. Une visée thérapeutique aurait voulu réparer cette identification blessée, par un souci d'humanité, ou par la tentation de l'efficacité. Laisser ouverte l'issue de nos rencontres, en mettant l'accent sur le savoir en souffrance dans ce handicap a fait apparaître le bénéfice néfaste qu'elle en tirait. Cette construction à laquelle la patiente est parvenue a opéré un changement non négligeable pour son existence, bien que certainement fragile. Elle en était consciente, n'ignorant pas que le parcours dans son univers énigmatique n'était pas terminé.

Martine, qui tenait tant à son autonomie, jusqu'à fantasmer de s'engendrer elle-même... et rêver de faire un bébé toute seule, a consenti à s'en remettre à d'autres, imprévisibles, incalculables, à en dépendre et à s'y confronter. À commencer par l'analyste. La culture de son narcissisme et le goût pour le sacrifice, que son vase clos nourrissait, en furent ébranlés. Elle admit qu'être mère ne signifiait pas nécessairement procréer l'enfant qu'elle n'avait pas été, ni se donner en sacrifice aux médecins, pour en payer le prix. Elle renonça à subir de nouveaux traitements hormonaux et de nouvelles inséminations, pour leur préférer l'adoption. Elle a arrêté l'analyse sur cette résolution.

Elle est allée au bout de la procédure d'adoption, supportant d'être une parmi les autres, un dossier dans une pile. Cette procédure impliquait de renoncer à ce qui était pour elle un mode de vie : être une intruse.

Elle l'a fait et a réussi. En effet, un an après, elle a tenu à m'informer par téléphone de l'arrivée de l'enfant, marquant ainsi clairement nos rencontres comme étant l'origine de cet aboutissement. Attribuant à notre travail comme une paternité de cette mise au monde. Et peut-être cherchant aussi à s'assurer qu'elle avait toujours sa place.

Sur les lèvres de Hanna

MUTISME ET BOULIMIE

Pour son premier rendez-vous, sa mère avait appelé. Il lui était impossible de le faire elle-même, de parler au téléphone. Puis, Hanna est venue seule. Je n'entendis pratiquement pas le son de sa voix ce jour-là. Un faible « oui » accompagné d'un sourire de désarroi, quand je lui dis après quelques minutes : « C'est difficile de parler. » Pendant plusieurs mois, elle se manifesta très peu, seulement quelques mots murmurés ou lisibles sur ses lèvres, quelques sourires d'approbation ou de connivence, le plus souvent une expression d'impuissance et, parfois, une moue de protestation.

Elle était venue consulter une analyste à cause de cette difficulté à parler dont elle ne pouvait plus s'accommoder et dont les conséquences devenaient de plus en plus nocives pour une jeune fille de 16 ans. D'autant plus que ce problème était associé à une boulimie ; celle-ci semblait être faite pour redoubler les méfaits de son mutisme, et engendrait un embonpoint qui l'éloignait plus encore des autres. Faire partie d'une bande, prendre part aux jeux de séduction propres à son âge ou même venir au tableau pour résoudre un problème de mathématiques : tout cela lui était interdit.

Il y avait là un enjeu pour l'analyste : que cette jeune fille parvienne à attribuer ces difficultés, le mutisme et la boulimie, bien connus dans le répertoire médical, à sa vie intérieure. On pressentait dans ces deux troubles la manifestation du même handicap : Hanna semblait empêchée subjectivement.

Son mutisme fut le premier à entrer en jeu. C'est par lui que le traitement a ensuite atteint la boulimie. D'emblée, on pouvait affirmer que ce mutisme ne relevait pas d'un problème fonctionnel : elle avait l'usage de la parole. Ensuite, qu'elle n'était pas mutique au sens de la psychiatrie, car elle était très présente dans sa difficulté, manifestement embarrassée de celle-ci et impuissante. Elle avait rapidement établi une relation avec l'analyste, tout en faisant la démonstration *in vivo* de son handicap. Les conditions étaient propices à provoquer l'entrée en analyse.

Analyse sans paroles

Mais comment faire ? Ce début d'analyse prit un tour inhabituel. Contrairement aux autres patients, cette jeune fille ne pouvait pas exposer son problème, en donner les détails, en raconter l'histoire, en préciser les contradictions, se plaindre de ses inconvénients ou laisser supposer ses avantages. À la place de le dire, elle le montrait. L'analyste avait à prendre la démonstration de cette impuissance comme une demande, inarticulée certes, mais insistante. Elle agissait ce qu'elle ne pouvait pas dire ; elle agissait son malaise. Ce qui rendait la demande encore plus forte et... plus opaque.

De cette façon, le handicap était au cœur de la relation analytique, l'invalidant presque. Cette situation particulière réclamait de l'analyste de la souplesse et de l'invention. Comme avec Martine aucun standard, aucune règle de conduite *a priori*, aucune réponse toute faite n'étaient à même d'indiquer la marche à suivre. Avec cette patiente, se dessinaient deux conduites possibles. Puisque le silence était son mode d'être, il fallait, soit le laisser s'installer et prendre toute la place, comme c'est la règle avec la psychanalyse, soit le contourner en introduisant un artifice.

La première position, qui impliquait que l'analyste se tienne au silence, était risquée. Recourir à cette ruse pour créer un *suspense* rendait difficile de maintenir le lien. On pouvait craindre que cette ruse ne provoque la rupture. Ce risque était réel. Il fallut rapidement abandonner toute position silencieuse, et ceci pendant une bonne période. Ce choix s'est imposé. Car le silence de l'analyste faisait résonner celui de l'analysante et risquait de provoquer une confrontation insupportable pour celle-ci avec ce que le silence laissait sous-entendre au-delà. Ce qui ne pouvait pas se dire trouverait une réalité insupportable, une consistance, hors de l'artifice du blablabla. Cela peut paraître paradoxal de ménager ainsi un patient, de ne pas mieux tirer parti de ce mutisme qui offrait, après tout, un levier inespéré pour accéder à cette vérité cachée. Et il est vrai qu'il avait le mérite de ne pas noyer le sujet dans un discours trompeur !

Mais, ici comme chez tout névrosé, le malaise était organisé. Il faisait taire ce que la patiente avait en horreur et refusait d'affronter. Le mutisme, tout chargé de cet insoutenable, tenait celui-ci à l'écart. Cette patiente, plus qu'une autre, donnait l'impression d'avoir pris ses quartiers dans cette sorte de paralysie intérieure. Elle avait avec le silence ce qu'on peut appeler une conduite addictive. Elle y était fixée. Il fallait l'en décrocher, mais pas sans précaution.

Opposer un silence à son silence provoquait une situation périlleuse, pleine d'une angoisse latente. Les séances silencieuses succédaient aux séances silencieuses et la jeune fille semblait de plus en plus au supplice. Cependant, l'attitude qu'elle adoptait n'était pas sans enseignement : recroquevillée, les yeux baissés, les lèvres serrées laissant se dessiner un sourire désolé et attendant avec anxiété la fin de la séance. Elle mettait en acte son angoisse pesante, certainement à la mesure de sa quête. Elle ne pouvait pas dire ce qu'elle recherchait, et par son silence installait une présence obscure d'un objet mystérieux.

Un objet ? Comment prétendre qu'une conduite à ce point en retrait, en réserve, tendait vers une chose aussi définie, concrète, réelle, qu'un objet ? C'est que l'objet susceptible de provoquer sa satisfaction n'avait pas de concrétude. Hanna montrait qu'on ne tire pas uniquement du plaisir d'un jouet, d'une sucrerie, ou d'un corps, mais aussi de choses abstraites. Certains s'extasient devant une image, ou un morceau de musique ; d'autres se plaisent à goûter une saveur, à lire un beau texte, à sentir une odeur. L'objet est toute chose susceptible d'éveiller un appétit corporel et psychique. Il peut avoir toutes les apparences, toutes les contenances, toutes les consistances, mais aussi n'en avoir aucune. Il peut même être inaudible, invisible, hors du sensible, et pourtant solliciter les sensations les plus fortes, les plus inoubliables, jusqu'à en devenir obsédant et accaparer toute l'attention de l'être. L'objet du désir est ce que l'on a de plus cher, parce qu'il échappe : il est insaisissable. Bien que sa nature fasse de lui une multitude, de l'innombrable, il n'est jamais approprié au désir de celui qui l'a capté. Car il n'est totalement contenu par aucun mot de la langue. Les mots qui représentent l'objet sont comme l'objet lui-même, approchants mais imprécis. On les additionne, mais il fuit. Un objet n'est jamais autant désirable que quand il n'est pas possédé. L'objet cause le désir, plus qu'il ne le satisfait. Car, une fois acquis, un autre, qui se présentera le moment *ad hoc*, risque de lui être préféré.

L'angoisse de Hanna, rendue si spectaculaire par son mutisme, donnait ainsi à ce qu'elle était venue chercher dans ce cabinet d'analyste une présence en creux, pratiquement fantomatique. L'angoisse rendait présent un objet sans consistance ! Cet objet qui lui procurait une satisfaction aussi complexe, paradoxale, et qui semblait lui être autant indispensable que redouté, appartenait au monde oral. C'était sa bouche close qui nous le laissait supposer. Il était là, indicible et flagrant ! Il rôdait. Plus que ça encore : il trônait par défaut. Il était inexplicablement matérialisé par la voix qui se faisait muette et la chair, fruit de ses crises boulimiques, qui débordait de son corps inerte. L'objet était à la fois cette voix en défaut et cette chair en trop. L'enveloppe massive de ce corps en imposait comme pour dénoncer l'existence de cette satisfaction orale que le mutisme croyait, par ailleurs, démentir. Mais au lieu de permettre à Hanna d'apercevoir les barreaux de cette satisfaction étrange qui l'emprisonnait, nos rendez-vous en accentuaient l'attrait. Cet objet impalpable semblait s'enfler et accroître la sensualité de cette adolescente qui se recroquevillait, s'enroulait autour de lui. Hanna s'avalait elle-même. Et le silence de l'analyste ne faisait qu'intensifier ce processus.

La parole est à l'analyste

Le malaise grandissant, combiné à cette satisfaction, ne parut pas susceptible d'évoluer et fit craindre qu'elle s'enfuie. Je décidai de parler au bout de quelques mois. Mais comment ? Deux écueils étaient à éviter. Occuper la place de celle qui demande, à la place de la patiente : « Fais-moi le don de ta parole pour me confirmer comme analyste. » Alors, la jeune fille devenait le maître du jeu. Ou bien, au contraire, endosser un rôle persécuteur, la forcer à parler, et la mettre en position de victime du commandement de l'analyste. L'une et l'autre attitude aurait rendu nos rencontres impossibles.

Il m'est apparu que j'avais plus à faire entendre une voix qu'un discours. Donner une matérialité à la parole paraissait plus à même d'extraire cette jeune femme de son univers clos. Produire un dire qui n'avait pas d'autre vertu que celle d'être dit. Rester neutre dans le contenu – à défaut de rester silencieuse – au point de le vider de sens. Porter ainsi toute l'action sur l'acte de dire. La langue de l'analyste se fit langue étrangère, une langue que l'on entend mais dont on ne comprend pas le message. Spontanément plusieurs règles se sont imposées à l'analyste : maintenir le face-à-face, adopter le tutoiement, laisser une place consistante au silence, faire des phrases plutôt courtes, directes, elliptiques, incongrues ou explicatives, répondre au téléphone plus que de coutume en la fixant, etc. Puisque l'analyste parlait, il fallait donner à sa parole une consistance inattendue, étrange. Le face-à-face, le tutoiement, la fixité du regard pendant les appels téléphoniques instauraient une proximité tout en maintenant une réserve. Nous étions loin de l'image de l'analyste, imperturbable, immobile dans son fauteuil, mesurant la progression de la séance à l'aide de la trajectoire de l'aiguille sur le cadran du réveil, veillant à ce que rien ne vienne déranger la routine des rendez-vous et se laissant bercer par le blablabla du patient jusqu'à la limite de l'hypnose. La présence de l'analyste prenait forme et donnait à sa voix, son souffle, son regard, sa masse corporelle, un poids tout autant que ses dires. L'analyste n'avait pas trouvé d'autre issue pour défier ce corps qui s'imposait par sa réserve, que de se composer elle-même comme un corps.

Le mode de parole que l'analyste adopta est difficile à décrire. Cela peut basculer facilement dans la caricature. Ce n'était pas un monologue, ni un interrogatoire, ni, bien sûr, un dialogue ou même une conversation. Il s'agissait d'une forme de parole aménagée pour la circonstance, improvisée et qui s'inspirait – disons – plutôt de la pratique de la pêche. Elle lançait sa ligne, pratiquement sans s'intéresser au résultat. Cela pouvait être en pure perte et cela l'a été pendant de nombreuses séances. C'est la règle du jeu : ça ne mord pas à tous les coups.

Je faisais un pari, au sens où ma parole n'avait rien d'apaisant. C'était un forçage. Et il fallait compter sur la capacité de Hanna d'assumer vraiment sa démarche, pas seulement par pure bonne volonté de sa part. Car de la bonne volonté, elle en a toujours manifesté. Et l'analyste s'est appuyée sur celle-ci et sur l'effort qu'elle accomplissait à chaque séance pour venir se confronter immanquablement à son malaise. Mais il fallait supposer qu'au-delà de cette assiduité, existait un réel désir de se découvrir.

Lui parler a eu finalement un effet, ténu au début, décisif ensuite. Ma mise en scène a fini par la déranger, et par atteindre ses défenses.

La remarque à laquelle la jeune femme a fini par réagir est une phrase que l'analyste décida de lui dire sur un ton neutre, à chaque séance sans exception, une fois qu'elle était assise : « Tu gardes ton gros manteau. » Ce manteau était louche pour l'analyste. Il faisait un rempart. Cette phrase était accueillie avec la même attitude : silence, yeux baissés, sourire d'excuse. Puis Hanna fit entendre un « oui » inaudible, toujours avec la même attitude : yeux baissés, sourire d'excuse ; avant de s'exclamer un jour : « Vous n'allez pas me le dire à chaque séance ! » L'analyste cessa.

Qu'est-ce qui a donné son poids à cette intervention ? Son contenu était ordinaire et ne prétendait pas être une interprétation. Il en avait en fait la valeur qui ne s'est révélée qu'après coup. L'essentiel de l'action tenait à la répétition invariable de ces mots, comme un leitmotiv repris à l'infini : « Tu gardes ton gros manteau », « Tu gardes ton gros manteau », etc. Ce procédé jouait sur un registre qui confrontait justement à l'insupportable, à l'incompréhensible, à ce qui revient toujours[10]. Bien qu'il reposât sur une phrase, il ne s'appuyait pas sur le langage, sur ce que cela pouvait vouloir dire[11]. Ainsi, l'obstination de la répétition de la même phrase, combinée au tutoiement qui la visait au cœur de son être, avaient eu raison de la défense de cette patiente.

Ce fut un tournant : celui de sa véritable entrée en analyse. Hanna prit peu à peu la parole. Elle était le plus souvent inaudible ; elle murmurait plutôt qu'elle ne parlait. Sa voix faisait des sauts qu'elle ne contrôlait pas, trop graves ou trop aigus ; enfin, ce qui était assez spectaculaire, ses lèvres bougeaient sans qu'aucun son n'en dépassât le bord. Elle donnait l'impression d'apprendre à parler. Elle en était tout à fait consciente et me dit combien cela la gênait dans sa vie sociale et dans sa scolarité qui était cependant assez bonne. Prendre la parole prenait tout son sens avec elle. C'était une véritable entreprise physique qui remettait en cause la symbiose avec sa satisfaction à rester bouche cousue, pleine du mot qu'elle retenait.

Du gros manteau à la cuirasse

Qu'est-ce qui procurait chez elle une telle dépendance à sa maladie ? Ce qu'elle a fini par répondre se résume à un véritable paradoxe : être pleine du vide. Voilà à quoi aboutit son handicap.

Pourquoi ? Le domaine dans lequel manœuvrait cette satisfaction pathologique se situait dans un espace différent, inaccessible directement à l'expérience sensible. Le mutisme et la boulimie se découvraient être une façon de répondre à un problème de la vie affective dans et par le sensible. Cette jeune fille cherchait ainsi à remplir un vide dans sa vie intérieure avec son corps. Dans ses conduites maladives, elle se rassasiait du défaut de l'objet, du creux que formaient le mot et l'aliment qui manquaient. Car la boulimie procédait de la même manière que le mutisme. À mesure que la jeune femme consommait les aliments, elle devenait insatiable de l'aliment qui manquait. Le mot et la nourriture tiraient leur prix du désir qu'ils provoquaient en manquant. Elle voulait cet objet qui lui échappait, le conservant à l'intérieur quand il s'agissait du mot, le recherchant au-dehors quand il s'agissait de le manger.

Elle le voulait inaccessible. Ainsi, elle restait vide, ce qui était une souffrance dans la réalité sensible et une passion dans son univers inconscient. Elle réalisait un équilibre qui n'était pas de l'ordre des vases communicants, où le vide appelle le plein. Elle cherchait le vide, qui pourtant lui faisait peur. Elle a aimé le vide tant qu'elle a pu l'attribuer à un extérieur. En aucun cas, il ne fallait que ce vide se rapporte à son être. Équilibre, donc ; mais fragile et pathologique !

Cette patiente illustrait autrement ce rapport bien connu des Alcooliques anonymes entre l'objet oral et la parole. Ils savent que se confesser devant ses semblables agit sur l'alcoolisme. On fait sortir des mots intimes et douloureux par là où s'impose le liquide délicieux et dévastateur. On le fait devant d'autres qui sont comme vous, accrochés à cette jouissance, identifiés par le même ravage. La libido passe par la bouche, les mots en sortent pour la délivrer.

Pour Hanna, prendre la parole lui faisait courir le risque de rompre cet équilibre précaire. Elle allait se trouver au bord de son propre précipice, à l'instant où elle laisserait passer le mot par la bouche ouverte. Elle préférait refuser de voir son vide que tomber dedans. Il fallut un certain forçage ; il fallut que l'analyste y mette son grain de sel. Ce qu'elle avait fait en lui parlant. Alors Hanna se trouva face à un dilemme : se taire et s'enfermer dans une forteresse solitaire ou bien l'ouvrir et se livrer à son abîme. Sa manière syncopée de parler traduisait son hésitation. Elle consentit désormais à la confrontation.

Ce fut un moment clé, où son angoisse s'accrut au fur et à mesure qu'elle admettait de savoir ce pourquoi elle existait. Son univers subjectif a semblé s'ouvrir. C'est alors que son mutisme comme sa boulimie se révélèrent agir comme un recours contre l'angoisse. Mettre en avant son corps comme une « cuirasse », ainsi qu'elle le disait elle-même, attestait de la menace contre laquelle elle luttait, si elle laissait les autres l'approcher. C'est cela que l'analyste avait effectivement percé à jour dans le rempart que le « gros manteau » formait entre elles deux. La « cuirasse » était le nom secret de son malaise.

Le non-dit

L'angoisse s'avéra être une clé pour aborder l'histoire de cette jeune fille. Car elle traçait un trait entre sa destinée et le drame familial. Il apparut, au fil des séances, que sa famille s'était elle-même soumise à la loi du silence. Il y avait le secret entretenu sur l'origine de la famille paternelle. Était-ce une légende ou bien la vérité : son père aurait appartenu à une aristocratie ruinée dont il ne voulut pas retrouver la piste. Comme lui faisant écho, il y avait la confusion qui entoura le divorce des parents, sans trace administrative, sans que jamais aucune explication n'ait été donnée à l'enfant. Il y avait aussi la rumeur de la vie sexuelle désordonnée que l'on prêtait à sa mère. Il y avait surtout le nom de Hanna, dont elle découvrit en analyse qu'il était celui d'une aïeule morte dans les camps de la Shoa. Et fidèles à leurs discordances, les parents avaient choisi, chacun de leur côté, une profession en résonance :

la mère exerçait un métier où il lui fallait donner de la voix ; quant au père, il avait, au contraire, à y respecter le secret d'État...

L'histoire familiale comportait le non-dit. De ce non-dit, Hanna s'en était faite le destinataire, elle en a inscrit la trace dans son corps, et l'a reproduit par son mal-être. Cette incorporation du secret a laissé une empreinte sous la forme orale indélébile et morbide. De là, sont nés le mutisme et la boulimie. C'est ainsi qu'un handicap se trouve offrir un équilibre, ici entre l'interdiction de dire et l'obligation d'assimiler le non-dit. Il était à la fois le résultat et l'action de cette entreprise contradictoire. Le malaise profond de Hanna réalisait un compromis entre la volonté des parents de ne pas dire et le refus de leur fille de s'y plier sans y apposer sa griffe. Il a fallu l'angoisse pour signaler la présence de ce compromis et rompre cet équilibre névrotique.

La psychanalyse a alors pris un tour plus classique. La patiente laissa désormais pénétrer son monde. Ce qui s'est traduit immédiatement par la disparition de ses inhibitions. Elle s'est mise à parler, à répondre, à revendiquer, à critiquer. En somme, elle est devenue « adolescente ». Et puis, elle s'est décidée pour la première fois à prendre en charge un régime alimentaire recommencé jusqu'alors de multiples fois. Ce régime fut l'occasion de découvrir un monde parallèle où la relation mère/fille formait un nœud inextricable.

Il était difficile de juger qui avait le rôle principal. La relation alimentaire était le théâtre d'un chantage ravageant, où l'une comme l'autre produisait toute une variation des jeux de l'amour et de la haine. Aucune des deux n'était en reste. La mère prescrivait des règles de conduite alimentaire paradoxales et persécutrices, elle était susceptible de lui prédire, dans la même journée, la crise de foie et l'hypoglycémie. La fille ne savait qu'en conclure : « Fallait-il » manger ou pas ? la mère lui reprochant l'un et l'autre, sans que l'enfant comprenne la logique des attentes maternelles. La mère calculait toute sa nourriture, faisant l'inventaire de ce qu'elle ingurgitait ou laissait dans son assiette et de ce qui disparaissait des placards débordant de réserves et dont elle avait la clé. La fille réduisait ostensiblement sa prise de nourriture jusqu'à la diète totale, puis ingurgitait des paquets de bonbons le soir, dont elle jetait ensuite les papiers sous son lit, les laissant visibles.

Ce régime décidé est un effet de la cure. L'analyste l'a encouragée et s'est montrée attentive à tout ce qu'elle en rapportait : ses hésitations, ses démarches, ses démêlés avec sa mère qui voulait diriger le traitement. C'est la jeune fille qui a pris l'initiative de se traiter dans un hôpital et qui, de fait, a provoqué la véritable première coupure avec sa mère. On sait que les médecins nutritionnistes ont une attitude très volontariste à cet égard. C'était à elle de faire ses courses, ses repas, d'en gérer le budget. Cela venait à point nommé pour cette patiente, qui acceptait enfin d'ouvrir les yeux sur sa propre dépendance à l'égard d'une mère dont elle ne soupçonnait pas le poids. Ce régime faisait la preuve qu'elle était prête à se passer d'une cuirasse.

Suis-je un monstre ?

Mais comment déterminer si le fond du problème était vraiment touché ? Ce fut fait le jour où elle accepta de raconter un rêve à l'analyste : « C'est une veillée mortuaire. Des femmes sont assises, silencieuses, autour d'un cercueil encore ouvert. Je décide de le fermer. Je presse le couvercle contre le corps mort, dont les chairs ensanglantées débordent. J'appuie très fort. Ça saigne tout autour. Je me réveille. » Elle y reconnaissait enfin le vœu de mort qui la débordait depuis toujours, et qu'elle associait à une figure féminine. Sa mère sans doute. La grand-mère peut-être. Vœu qui se formulait clairement dans son nom issu des camps, mais tout autant dans le silence sidéral qui s'est transmis de génération en génération, faisant signe de leurs échecs. Il fallait qu'elle se fasse « muette comme une tombe », et que son corps se recouvre d'une chair inerte. Ce vœu, elle l'avait adopté. Après tout, il n'était qu'une supposition. Puisque, justement, rien ne lui avait jamais été dit. Mais elle savait qu'elle ne viendrait pas à bout de ce vœu de mort sans payer le prix de sa chair et de son sang. Cette chair qui la rendait obèse, la protégeait aussi. Dorénavant, elle devrait se priver de cette protection. Ce sang, que sa lignée familiale n'a pas voulu reconnaître, la laissait sans vie. Un sang où se mêlait la grandeur d'une aristocratie incertaine et la misère de la déportation cachée, voire honteuse. En faisant ce rêve, elle démontrait qu'elle était décidée à sortir de la loi du silence. Ce rêve trahissait déjà le secret. Il parlait.

Elle parlait à travers lui. C'était la condition pour espérer devenir une femme vivante. Elle se levait dans ce rêve et décidait de laisser les femmes enfermées dans leur boîte. Comme elle s'était enfermée dans un corps inerte et muet.

Son rêve fit interprétation, en faisant naître un nouveau nom. Effectuant cela, elle s'appropriait réellement son mal-être, elle le faisait sien. En effet, à peine avait-elle fini de le raconter, qu'elle s'exclama : « Suis-je un monstre ? » Suis-je ce monstre dans lequel je me découvre dans ce rêve ? Allait-elle toute sa vie le demeurer ?

« Monstre » désignait Hanna au même niveau de vérité que « intruse » nommait Martine. L'un comme l'autre indiquaient ce qu'elles étaient fondamentalement à travers leur handicap. Toutes deux mettaient leur discordance au service de cette identité obscure, insistante, exigeante même. À l'insu d'elles-mêmes, elles étaient ce que pourtant elles rejetaient le plus en elles. Être un monstre était à la fois ce qu'elle combattait depuis toujours – en particulier dans son obésité – et ce qui lui donnait le plus de consistance intérieure. Là, en monstre, elle se sentait vraiment elle-même, particulière, incomparable. La figure du monstre alliait l'inconciliable : le rejet des autres et l'affirmation de son existence. Elle associait aussi bien le dégoût qu'elle imaginait de ses semblables, la honte d'être ce qu'elle était, que la nécessité d'exister pour elle et pour les autres. Le monstre était un insigne qui tirait sa force du désespoir ! Ce monstre qu'elle était, elle s'était attachée à le deviner dans le regard des passants, dans celui de l'enseignant qui l'interrogeait à l'oral, et elle le détestait quand un garçon lui donnait l'impression de se détourner de son chemin à son approche.

Ce tourment impliquait la question essentielle de sa sexualité et de sa féminité : comment devenir femme, en étant à ce point ligotée à cet amour tératologique pour sa mère ? L'analyse l'avait rendue étrange pour elle-même. En fait, elle apercevait le masque monstrueux qu'elle s'était imposé, reflet de l'image qu'elle devinait dans le regard censeur de la mère. Insensiblement, en se taisant, en se « laissant bouffer » par sa mère, elle avait fait d'elle-même ce monstre-là. Ironie d'un être qui a laissé prospérer la figure de soi contre laquelle, pourtant, il avait mobilisé tout l'arsenal de son complexe. Désormais, cet arrangement se fissurait. Hanna était à même de se défaire du désir ravageant de sa mère, de s'en séparer sans avoir peur d'en être détruite. C'était ça son complexe : fuir la destruction tout en se jetant dans la gueule du loup !

Cette jeune fille était bien entrée en analyse.

Ce que fut cette analyse n'est pas notre propos ici. Disons seulement qu'elle mit en lumière deux choses : sa place de femme morte inscrite juste avant sa naissance – ce qui éclaire d'autant le rêve – et sa stratégie pour ne jamais offrir aux autres quoi que ce soit d'elle-même qu'ils puissent « se mettre sous la dent ». En particulier, son corps, qu'elle avait voulu monstrueux. Cela rendait difficile son entrée dans la vie amoureuse. Elle avait encore à décomposer ces arrangements malheureux pour trouver celui qu'il lui fallait, et accepter, si telle était son aspiration, de devenir un jour alléchante.

L'angoisse d'Ariane

SOUCI DE L'IMAGE ET OBSESSION DU REGARD

Ariane ignorait ce qui n'allait pas. Elle ressentait un malaise diffus, une sorte de manque de confiance en soi. S'incrustant dans sa vie quotidienne, dans ses relations avec les autres, dans ses études secondaires – elle eut besoin de toutes les années du collège pour décider de son orientation scolaire –, jusque dans ses choix les plus mineurs, un vêtement, un livre, un plat au restaurant, un film au cinéma, ou même l'amie qui la raccompagne... tout faisait problème. Elle était capable, me dit-elle, de passer de l'euphorie à la tristesse, sans que rien ne le justifiât. Elle avait l'impression de jouer un jeu en permanence, de n'être jamais elle-même, pour que les autres ne voient pas combien elle était inconsistante, incertaine et instable. Aussi, lui arrivait-il de forcer le trait de la bonne humeur, avec des étrangers, des amis, et encore plus avec les hommes, comme pour se stimuler elle-même. Elle en était devenue « artificielle », elle qui tenait tant à « l'authentique », à la vérité. Elle en était arrivée à ne plus bien savoir qui elle était.

Il était évident que cette femme, à 25 ans, était sous l'emprise d'une angoisse à laquelle elle ne pouvait pas même donner le nom d'angoisse.

Ce malaise finit par avoir des conséquences réelles dans sa jeune existence. Alors que ses enseignants lui reconnaissaient des capacités à entreprendre des études supérieures, elle décida tout de même d'arrêter après le baccalauréat, ne se sentant pas de supporter la tension que l'exigence de réussite ferait peser sur elle. Sa vie relationnelle, amicale et amoureuse, en était aussi particulièrement affectée. Elle donnait l'impression, non pas d'être seule – au contraire, elle était très entourée – mais dans l'incapacité d'entretenir et de garder des liens. Là où elle souffrait le plus de cette difficulté, c'était bien sûr dans sa vie amoureuse, n'ayant jamais connu une liaison durable. Le seul domaine un peu préservé de cette quasi-invalidité était sa famille. Et elle insista beaucoup, au cours de nos premiers entretiens pour que je note que, par contre, là tout allait bien. Aussi, vivait-elle encore avec ses parents et son jeune frère.

Un symptôme qui n'avait pas de nom

Un tableau symptomatique aussi informe n'est pas rare. Les analystes témoignent de la fréquence, aujourd'hui, de ce type de demande aussi peu lisible. Il fait partie de cette nouvelle clinique à laquelle la modernité nous confronte. L'exigence du bien-être pousse des sujets à consulter un analyste, avant que se soient formulés pour eux les termes de leur malaise. La souffrance suffit à provoquer la demande.

L'analyse devait d'abord définir le malaise d'Ariane.

Au fur et à mesure des séances, la jeune fille apporta des précisions qui finirent par dessiner une conduite symptomatique. Elle insista sur sa position d'infériorité et sur son impuissance. Ce que traduisaient en effet ses plaintes : le manque de confiance en elle, la difficulté à choisir, le besoin de jouer un jeu trop théâtral, le goût déclaré pour l'authenticité, la difficulté à entretenir des liens. Et petit à petit, elle fit état d'une obsession qui s'était insinuée en elle sans qu'elle en ait été consciente : cette femme était sans cesse sous surveillance. Elle ne pouvait pas, par exemple, s'empêcher d'épier son image dans les vitrines des magasins, de tourner la tête dès que se profilait un miroir, d'évaluer le regard des passants, de ses amis, des proches. Cela l'éclaira sur son habitude d'avoir toujours avec elle un petit miroir de poche. Ainsi, elle ne cessait de se regarder elle-même. Cette attitude définissait une « obsession narcissique », une obsession de son image qui traduisait une autre obsession plus fondamentale, celle du regard. S'il lui fallait se surveiller, c'est qu'elle s'imaginait surveillée, sous le regard des autres. Ce regard posé sur elle avait des conséquences paralysantes et invalidantes.

Être le point de mire

Ce faisant, cette patiente soulignait une donnée essentielle de la vie psychique que l'on repère de façon plus ou moins marquée chez tout un chacun : la faculté de trouver satisfaction essentiellement, parfois exclusivement, sur un seul mode. Chez elle, c'était donc le regard, le scopique. Aucun autre registre corporel ne lui permettait d'éprouver une intensité égale. Chez Hanna, c'était l'oralité ; boulimique, elle bataillait contre la prégnance de ce seul univers pulsionnel et ses conséquences. On a vu comment ce qui passait par sa bouche était la source de sensations fortes, elle qui, pourtant, se voulait insensible et inexpressive. Cette prédilection pour l'oralité la conduisait à loger les mots et les mets à la même enseigne : celle de l'objet oral. Que ce fût sur le registre du trop-plein ou du vide, cet objet la faisait vibrer et éprouver son existence. Elle se nourrissait autant des mots absents que d'une débauche de nourriture. C'est d'ailleurs une particularité du malaise contemporain – comme celui de la boulimie, ou, pour Ariane, de l'obsession narcissique – de trouver son plaisir dans le registre du vide comme du plein. Ariane était autant embarrassée par un regard encombrant que par l'absence de regard. D'où le choix de son métier d'artiste : elle avait rejoint la troupe familiale dans un cirque, et se retrouvait, de la sorte, sur une scène. L'avidité des nouveaux névrosés ne s'alimente pas nécessairement du manque. Elle trouve aussi dans le plein matière à se sustenter. Plus encore : le vide peut devenir à lui tout seul du plein ; l'anorexique en offre l'exemple le plus stupéfiant, avec des conséquences parfois fatales. Les handicaps affectifs trouvent dans ce monopole pulsionnel matière corporelle et énergie.

Ce fut, là encore, un rêve qui précisa le problème dont souffrait cette jeune femme. Jusqu'alors, l'idée qu'elle était sous le regard des autres demeurait une hypothèse, certes étayée sur ses récits. Mais il fallait qu'elle souscrive elle-même à cette idée pour qu'elle ait une chance d'agir dessus. Il arrive qu'une seule séance soit l'occasion d'un tournant capital dans une cure. Ce fut celle où Ariane vint pour raconter ce rêve qui l'avait impressionnée sans trop qu'elle sache pourquoi. Cette séance eut des répercussions inattendues et décisives sur le cours de sa vie. Elle amorça une véritable mutation.

Ce soir-là, elle s'allongea sur le divan et, sans même attendre que l'analyste l'y invite, elle fit ce récit très bref : « J'ai rêvé que j'étais un caméléon. Tous les animaux me regardaient... C'est ça, je caméléone ! », ajouta-t-elle en guise de commentaire. Elle venait de désigner son malaise avec ses mots, certes peu conformes au langage clinique.

L'analyste fut saisie à cet instant du récit par la similitude entre la scène du rêve et ce que la patiente désignait habituellement comme « la scène de mon enfance ». La scène était la suivante : en classe primaire, durant toute une année, une à deux fois par semaine, un garçon plus âgé qu'elle et sa bande l'entraînaient de force dans les toilettes, la collaient contre le mur et lui faisaient baisser sa culotte. Ils la regardaient, sans la toucher. Elle se souvenait de leurs rires, de leurs moqueries et de ses larmes silencieuses.

Mais l'analyste ne dit rien et laissa la patiente poursuivre : « Je caméléone », répéta Ariane. Et son métier lui apparut alors s'inscrire dans le droit fil de cette manière d'être. Elle s'arrêta un instant, surprise, car elle avait cru le choisir « en désespoir de cause ». « Être une artiste », « être une intermittente », ces noms prenaient un tour tout à coup énigmatique. Elle associa sur le jeu qui s'opérait entre le plaisir de capter le regard du public et sa crainte de « faire un couac ». Être ainsi le point de mire ne la mettait jamais à l'abri d'un sentiment d'illusion, d'imposture, de cette peur d'être démasquée toujours présente et étrange. Nous avons vu combien elle aimait se transformer. Désormais, elle donnait un nom à sa stratégie trompeuse où, au premier plan, elle charmait les autres, et en coulisse, elle ressentait une menace : celui de « caméléon ».

La patiente, tout au plaisir de son discours, n'apercevait pas ce qui se profilait en arrière-plan de ses dires. L'analyste, lui coupant la parole, déclara, reprenant la formule : « C'est la scène de votre enfance. » Puis elle arrêta la séance. La jeune femme se redressa, sous le choc, et, assise sur le divan, s'effondra en larmes. Cet état d'angoisse à la limite de la dépersonnalisation décida l'analyste, surprise et soucieuse de l'effet de ses paroles, à prolonger la séance.

Il y eut donc une seconde séquence de la même séance, où la patiente mesura en quoi ce nom « caméléon » l'impliquait profondément.

Une interprétation

Avant de faire le récit de cette autre séquence, il y a à démêler pourquoi l'analyste agit ainsi. Ça ne peut se dire qu'après coup. L'intervention de l'analyste se fait plutôt sans penser, dans l'instant, mais pas sans un certain calcul qui, lui, s'effectue dans la durée, presque à son insu [12]. Ce calcul affranchit l'acte analytique de l'aléatoire – ou même d'un attentisme de l'analyste – et suggère le mécanisme suivant : sur la base d'un savoir déposé en éléments disjoints, intervient une intuition de l'analyste qui valide un dire marquant du patient. « Ça caméléone » n'appartenait pas à la langue commune, c'était une pure création de la jeune femme prise au dépourvu, ce qui lui donnait sa valeur authentique. Ce néologisme a alerté l'analyste. « C'est la scène de votre enfance » fut sa réponse, et elle prit la valeur d'une interprétation pour le sujet. Une interprétation est un message qui vous rattrape. Il vient toujours de l'autre, vous apparaît toujours étranger, alors qu'il énonce une vérité sur une part de vous-même, familière mais ignorée de vous. Son analyse l'avait sans aucun doute conduite jusqu'à ce bord – sans qu'elle le sache – où il lui serait possible d'élaborer cette scène traumatique de ses 3 ans. Le rêve la forçait à faire ce pas. Elle y était prête sans le savoir. L'analyste avait à faire le reste, à lui signaler ce franchissement. Car le rêve appelait l'interprétation. Il fallait que soient associés les deux récits, celui du rêve à celui de la scène de l'enfance, nouant le message à sa signification. La coupure de la séance renforça l'effet d'interprétation, une coupure qui était déjà contenue dans le mordant de l'interprétation. Devait s'opérer un redoublement de l'effet.

Il s'agissait de faire entendre à la patiente la part occultée et évoquée en même temps par ce mot « caméléon ». Cette part-là n'était pas accessible sans forçage, sans le souvenir qui conduisait là où la jeune femme était demeurée la petite fille bafouée, humiliée, meurtrie. Cet univers ancien restait depuis toujours très présent, très actif, déterminant pour sa vie actuelle. Ariane avait à lui donner sa place, sans en exagérer non plus l'importance. Seulement, s'en servir pour atteindre ce qu'il engageait.

Échec de l'interprétation

Mais pourquoi cette interprétation s'est-elle brisée ? Ariane, sur le divan, est restée dans l'impossibilité de franchir le seuil où son rêve l'avait conduite, et où devait s'ouvrir cette boîte scellée du souvenir insupportable. Pourquoi, alors que l'interprétation était vraie, n'était-elle pas recevable ?

Notre thèse, c'est que les mots « c'est la scène de votre enfance » la désignaient sans qu'elle puisse leur donner un sens. L'analyste avait pris soin d'utiliser sa propre formule, *a priori* donc compréhensible. Mais, rapportée au regard de l'animal du rêve, la formule devenait totalement étrange, et manifestement intolérable. Les mots l'épinglaient comme on le fait d'une grenouille pour la disséquer. Ils figeaient la jeune fille qui n'était plus que cet être qu'on dénude et qu'on regarde. Un être réduit à un corps nu, devenu une chose. Les mots de l'analyste la précipitèrent hors de sa réalité, jusque dans les toilettes de l'école primaire, dans cette Autre scène qui n'avait jamais pris sens. L'interprétation la figeait dans cet être hors sens. Le monde autour d'elle en était sens dessus dessous.

Qui plus est, le redoublement de l'interprétation par la coupure de la séance avait renforcé l'effet, trop brutal, trop réel. L'interprétation a frappé d'autant plus fort qu'elle a été suivie par la décision de l'analyste d'arrêter la parole, d'empêcher le flot des mots qui risquait de noyer le message délivré. Ce qui se fait normalement. On coupe une séance pour arrêter le patient sur les derniers mots de la séance, afin de faire saillir la puissance de ce qui est dit. Le patient, à la suite de la coupure, prend le relais, en fait revenir les souvenirs. Ce procédé crée une urgence et favorise une élaboration d'autant plus riche. Comme si le langage entendait reprendre ses droits et assurer une continuité, là où elle avait été rompue. Si la coupure n'a pas pu jouer son rôle, c'est à cause du trop de réalité qui a frappé la patiente. Et l'appui de l'imagination, où cette femme se complaisait à être regardée, a basculé. Le plaisir s'est mué en horreur.

D'où son bouleversement. Mais celui-ci est en soi une indication importante : ce qui la déboussolait ainsi tenait à la révélation de son rapport au regard de l'autre sur elle. L'association du regard des animaux du rêve à celui des petits garçons du souvenir lui firent perdre ses repères. Elle en perdit la parole. Elle se retrouvait dans l'instant exposée au regard cru de ses tourmenteurs. Il était insoutenable ce regard, un regard « obscène et féroce ». L'expression est de Freud qui voulut, par celle-ci, frapper les esprits pour qu'on saisisse combien l'univers imaginaire, fantasmatique, peut devenir tout à coup trop vrai, persécuteur, et jouisseur. Elle s'applique parfaitement dans ce cas précis.

L'enfant gâtée

Enfin, la formule de l'analyste était d'autant plus mal venue, qu'elle éclairait d'une lumière aveuglante le seul « couac » de toute son enfance. Mettre ainsi l'accent sur la scène de l'école primaire rompait avec la persistance de la jeune fille à se répandre en éloges sur son éducation et sur la perfection de ses parents. Muette sur ce souvenir insupportable, elle était éloquente sur les souvenirs heureux de son enfance, les grandes réunions familiales très fréquentes, les jeux incessants, l'entente avec son père comme avec sa mère. Le souvenir érotique infantile entachait ce tableau idyllique. Tableau qui cependant devint suspect à ses yeux, quand elle réalisa qu'elle n'avait jamais pu en parler à quiconque, pas même à son père ou à sa mère. On mesure combien cette interprétation a pu ébranler l'idéal de complétude, d'amour et de complicité de sa jeunesse tendre et adolescente ! Car cet idéal apparaissait comme une illusion qui avait en fait contribué à son malaise, à cette obsession narcissique, en l'entretenant.

Une autre ombre encore était venue discrètement s'insinuer et demeurait une énigme : celle de sa jalousie à l'égard de son jeune frère. Tant et si bien que son enfance lui est apparue comme étant l'histoire d'une enfant gâtée qui s'ingéniait à accaparer l'attention de ses parents, en particulier de son père, pour nuire à son frère cadet. Elle n'y pouvait rien, il fallait qu'on ne regarde qu'elle ! Sa jalousie était fonction de sa propre captivité à ce regard. Et elle se sentait coupable et honteuse : tel fut un des effets de l'analyse. Ce que ses larmes dans la séance avaient d'ailleurs traduit. Honteuse et coupable d'avoir été un objet de plaisir et de moquerie pour la petite bande – et, après tout, de s'être laissé faire. Honteuse et coupable aussi d'avoir ainsi joué l'enfant gâtée. La psychanalyse ne prône pas le *mea culpa*, mais pas non plus le cynisme. Quand un sujet en analyse réintègre ces sentiments de honte et de culpabilité, c'est le signe qu'il s'approprie aussi la responsabilité de son malaise. C'est bien ce qui était en train de se produire...

L'interprétation voulait instruire Ariane de son engluement dans ce regard « obscène et féroce », et de la sorte l'en décoller. Dans ce cas, elle a manqué sa cible : la patiente s'est sentie épinglée dans son être, alors que l'intention était de lui révéler un savoir nouveau sur celui-ci pour l'en détacher. Ce dérapage laissa Ariane dans la sidération de ce regard. Ici, dans cette première séquence, l'interprétation a opéré comme une insulte. Ariane s'est laissée choir, n'étant plus soutenue par le semblant.

Derrière le simulacre

Devant le bouleversement d'Ariane, l'analyste décida de lui proposer de s'allonger à nouveau sur le divan. La seconde séquence de la séance fut brève, haletante et précipitée. C'est alors que la leçon du rêve se révéla outrepasser la situation stricte de la scène de l'enfance. Elle prit la mesure de son aliénation au regard et en fut médusée. Ce fut une révélation !

La jeune femme établit tout de suite le rapport entre la scène de l'enfance et celle du rêve : « des bêtes » la regardaient. Elle remarqua combien le charme du caméléon tranchait avec la crudité du regard bestial ; il s'en dégageait une menace diffuse. En fait, dans toutes les circonstances de sa vie où le regard était impliqué, les deux versants cohabitaient : celui du leurre et celui de la peur. Et c'est alors que le ton de la patiente changea, plus investie que jamais dans ce qu'elle disait. Elle mesurait l'étendue de cette découverte.

Tout d'abord, elle reconnut pourquoi elle aimait tant la mascarade. Elle aimait à provoquer l'envie, au point de se livrer à des stratégies et à des mises en scène « ridicules ». C'est que derrière le simulacre où elle provoquait le désir des autres, se cachait sa position de victime du regard où elle était anéantie. Elle aimait l'artifice où elle s'attachait à être parfaite pour faire face à sa réalité où, là, elle s'avérait défaite, comme dans la scène de l'enfance.

Son métier pour le moins pittoresque lui permettait de donner libre cours à ce jeu infernal. Au sein de la troupe familiale, elle avait décidé d'être le clown. Elle le dit non sans un mélange de contentement et d'amertume si caractéristique de sa propre division. Être un clown donnait à son obsession narcissique le moyen de s'exprimer. Elle se faisait regarder, mais en y apportant une nuance fondamentale, elle se cachait derrière le déguisement. Elle représentait des personnages assez variés, se transformant sur scène avec une virtuosité et une rapidité particulières et très appréciées. Ce métier de clown venait ainsi satisfaire ce que l'on peut appeler une « disposition à la métamorphose ». Elle était là sa propre découverte : sa conduite théâtrale satisfaisait une compulsion profonde à se transformer. En clown, elle déguisait une inhibition de la parole et de l'acte que l'angoisse provoquait et entretenait.

Une des formes de cette angoisse, qui la conduisait ainsi à se masquer, était surprenante pour une femme de 25 ans : la peur de la dégradation de son corps. Depuis les transformations de son corps à l'adolescence, cette jeune femme auscultait avec minutie devant son miroir la progression des lignes de ses rides, les changements de teintes de sa peau, les dissymétries de son visage, l'affaissement de ses seins, le relâchement de ses muscles. Elle épiait de la sorte les accrocs de son costume qui devait la rendre désirable. Il lui fallait travestir ses défauts, pour qu'on ne puisse pas l'épingler !

Métamorphose résonnait avec « caméléon ». Les deux mots ensemble avaient fini de préciser ce malaise qui lui apparaissait si informe au départ. Par le biais de ses transformations, elle échappait à ses tares qui étaient autant d'ordre névrotique que liées, à sa féminité. Au lieu de s'affronter à cette douloureuse question de la féminité qui apparaissait de plus en plus présente, elle avait préféré son handicap, ses angoisses et ses incapacités. Son goût pour le déguisement était au service de sa dérobade. Il valait mieux pour elle transformer son corps et sa voix, faire rire à ses dépens, qu'envisager être une femme. Ariane se servait de son handicap pour développer une stratégie pour se cacher avant tout d'elle-même. Il a fallu ce rêve pour qu'elle regarde ses difficultés sous un autre jour.

Quand la proie se fait bourreau

Enfin, Ariane se mit à interroger sa vie amoureuse. Sa prédilection pour la métamorphose y triomphait. Celle-ci lui permettait de concilier deux manières d'être avec les hommes *a priori* inconciliables : la séduction et la phobie. Là aussi se nouaient le leurre et la peur. Cette femme avait peur du désir des hommes, comme beaucoup d'autres femmes. Elle disait d'eux, non sans un certain sourire : « Ils sont comme des bêtes ! » Cette expression n'est pas de son invention, elle fait partie du langage populaire. Mais, dans sa bouche, elle prenait une couleur particulière. C'est un sujet féminin qui a rencontré le désir sexuel masculin à l'âge tendre. Quelle part exacte cette rencontre a-t-elle eue dans cette peur ? L'analyse n'était pas assez avancée pour le dire. En tout cas, Ariane partageait ce sentiment assez courant chez les femmes, pour qui le désir masculin est sauvage, impérieux, intrusif, quand elles-mêmes vivent leur sexualité plutôt dans le registre de la pudeur et de la honte. Aujourd'hui, peut-être moins qu'hier... L'homme était, quand il la désirait, comme un animal.

C'est là que sa pente à la métamorphose remplissait son rôle. La peur poussait Ariane à user de la séduction pour la masquer. En cela, elle est un cas d'école ! Son histoire infantile ne lui a pas laissé le loisir d'ignorer longtemps les règles de la comédie amoureuse auxquelles se livrent les hommes et les femmes – en particulier, l'usage qu'une femme fait couramment de la séduction. Elle perçut tout de suite combien son penchant pour le regard tenait sa place. Pour agiter sous les yeux des hommes le voile et ses parures, afin qu'ils ne puissent eux-mêmes se livrer au dévoilement pour exposer la réalité brute de sa blessure féminine. Son goût pour la mise en scène s'avérait répondre à la nécessité de masquer l'horreur de la rencontre avec le désir mâle. Elle séduisait les hommes pour les neutraliser, les rendre inoffensifs : qu'ils la regardent sans la toucher. Elle avait un certain goût vestimentaire qui attirait l'attention, car elle y associait des styles différents, romantique, *grunge*, BCBG, combinant de la grosse laine avec des dentelles fines, une robe légère avec des grosses baskets. Tout cela lui donnait un petit air indéfinissable. Et, le moment venu, elle faisait tomber le voile, non pas en rendant les armes, mais en se refusant, déclarant que tout cela n'était qu'un jeu. Ce jeu de la séduction, elle l'a pratiqué très jeune, impatiente de vérifier si les garçons pouvaient l'aimer. Elle les attirait en les captivant par le regard qu'ils posaient sur elle, un regard parfois proche de la fascination. Et, une fois qu'elle était certaine de sa prise, elle tournait le dos à sa proie. C'est un jeu où elle inversait les rôles de la scène de son enfance. Dans celle-ci elle était la proie regardée, dans ses jeux de séduction elle devenait prédatrice, utilisant la même arme, le regard, et la retournant contre ses anciens bourreaux. De la sorte elle faisait de sa vie amoureuse, comme de sa vie professionnelle, une « comédie » où les hommes tombaient, sans qu'elle sache comment, dans le « piège de ses simagrées ».

Il suffit de rapporter un incident qui fut révélateur des attentes et des impasses de son manège. Dans une soirée, elle séduisit un jeune homme. Celui-ci lui proposa un rendez-vous pour le lendemain soir ; et, de fil en aiguille, ils convinrent de se retrouver chez elle. « Pourquoi pas, avait-elle dit à l'analyste. Cela ne veut plus rien dire aujourd'hui, si une fille entraîne un garçon chez elle ! » Toujours est-il que, le soir prévu, elle prit un soin particulier à disposer des bougies un peu partout dans son appartement pour, m'expliqua-t-elle, atténuer l'intensité de la lumière électrique. Une bougie avait été posée sur la télévision allumée. La lumière tamisée était le voile qui devait attraper son séducteur. Mais tel fut pris qui croyait prendre... Alors que la soirée prenait la tournure espérée, la télévision implosa. La cire avait coulé à l'intérieur du poste et avait fini par détruire le tube cathodique. Et ses manigances séductrices qui devaient s'opérer en catimini, hors de la vue et de la conscience, furent dévoilées. Elle faisait semblant de désirer pour être désirée, rien d'autre. Ainsi éclatait en pleine lumière sa mascarade : elle ne se faisait voir qu'afin de prendre au piège les ombres obscures de son enfance. Sans parvenir cette fois encore à les réduire à néant.

Nouvelle rencontre

Ce que l'analyse lui proposait n'était pas de les anéantir, mais bien de s'en affranchir.

C'est pourquoi l'analyste prit le parti de soutenir une nouvelle rencontre qui lui sembla aller dans ce sens. Nouvelle, au sens où son déroulement était inédit, et au sens où Ariane ne maîtrisait aucun des événements qui l'ont accompagnée. L'incertitude tranchait avec son assurance habituelle. En particulier, elle ressentait pour le nouveau venu une réticence mêlée à une attirance inexplicable. Il faisait preuve d'un savoir-faire avec les filles, mais s'intéressait tout autant à son métier d'architecte. Avec elle, il se montra attentif, amusé même, sans être asservi. Le temps de la rencontre se prolongea. Elle hésitait, il n'était pas disponible. Elle se plaignait qu'il soit trop « pris par ses plans ». Elle était suspendue à ses appels qui ne venaient pas. Tout du moins, pas comme elle le voulait, pas au moment attendu ou pas avec la proposition espérée, ou encore, sans les déclarations dont elle rêvait. Quand ils se voyaient, c'était rarement seuls. Il lui donnait rendez-vous « sur son territoire », où étaient ses amis et ses « ex », un peu trop présentes à son goût. Et puis, lança-t-elle un jour en séance, « il n'est pas vraiment beau ». Elle ne retrouvait rien, ni de sa stratégie habituelle, ni de son univers libidinal. Et, pourtant, ce fut une rencontre décisive qui indiquait que l'analyse avait entamé ce qui prédisposait à ses dérobades et à ses aveuglements.

Un éclat de rire résolutif

Sa morbidité lui apparut désormais clairement. Comment avait-elle pu supporter de « s'exhiber » ainsi lors de cet épisode infantile qui « s'est répété une année entière » ? Sa « docilité » ne suffisait plus à le justifier. Pourquoi, en un an, n'avait-elle jamais cherché à fuir ? Elle se laissait entraîner, puis restait là, béante. Sa timidité, ses larmes, son mutisme, bref... sa pantomime du sacrifice déployée pour amadouer ses tyrans apparaissait soudainement empreinte d'une satisfaction ignorée. Là encore un simulacre dont elle reconnaissait en être l'actrice. C'est donc qu'elle devait en fait aimer être une « proie » captive des regards.

Elle venait de se faire l'auteur de sa discordance.

Pendant la seconde séquence de cette séance cruciale, sa voix devint forte, ses mots se précipitèrent. Jusqu'à ce qu'elle éclate de rire. Car lui revint un souvenir de la même époque fatidique. Un souvenir qui indiquait la prééminence de la voix sur le regard. Elle avait donc à peu près 4 ans. Elle imaginait deux petits personnages, mi-hommes mi-monstres, qui l'obligeaient à dire quatre « gros mots » à voix haute. En jouant le jeu, elle croyait se livrer à une pratique sexuelle ! Elle prolongeait ainsi la situation traumatique réelle par une autre plaisante et imaginée où, là encore, elle était prisonnière du désir des autres. Mais elle inventait ce jeu. Elle tentait de récupérer ce qu'elle avait perdu dans les toilettes de son école, de récupérer de l'être, en prenant la parole. Car, mutique devant les jeunes garçons l'après-midi, elle s'adonnait au seul plaisir du verbe avec ces êtres hybrides. En choisissant plus tard d'être clown, elle pouvait continuer à se faire le jouet des enfants, ces petits monstres.

L'analyste coupa la séance sur cet éclat de rire.

Il faut bien dire que l'analyste, durant cette séance, était allée d'une surprise à l'autre : tout d'abord par l'effet brutal de la première coupure, puis par la mutation décisive qui s'était réalisée par la suite. L'imprévu s'est, à la fin du compte, transformé en bonne surprise.

Des larmes au rire

En effet, le changement – des larmes au rire – qui s'était effectué dans la séance ne fut pas seulement de circonstance, pas seulement un effet de la séance. Il fut l'amorce d'un changement dans sa création artistique. Non pas que son talent pour la comédie ait été abandonné, mais elle l'a mis depuis au service aussi d'un nouvel attrait pour la voix. Comme si prendre la parole en analyse avait finalement produit un nouvel usage pulsionnel de la voix, en plus du regard. Elle restait une artiste, elle continuait à se montrer, à « se produire » – comme elle le disait. Elle choisit de mettre son art au service de la poésie et de la musique. Le regard, sa valeur de séduction et de masque, agissait toujours, mais passait au second plan, laissant désormais la voix dominer son art. Elle décidait de se servir de la langue comme support signifiant et sonore de son être blessé pour se faire entendre. Cette extension du regard à la voix traduisait une nouvelle disposition subjective ; elle n'était plus seulement cet objet qui occupe les regards pour faire oublier sa honte d'être une femme démunie. Le regard, pour les femmes, est bien souvent là pour pallier leur propre manque, inhérent à l'être féminin, pour oublier qu'elles n'ont pas, comme un homme, de quoi affirmer leur être sexuel. Petite fille, Ariane a connu la honte de cet aveu muet. Cette honte qui engendrait cette affinité avec l'insulte.

L'art pour l'insupportable

Et, c'est la particularité de ce cas : comme artiste, elle a un rapport particulier avec sa discordance. Il ne faisait pas de doute que son malaise la faisait souffrir. La métamorphose dont cette femme ne pouvait pas se passer, la métamorphose qui l'exposait à un jeu permanent et la rendait bancale, la dominait tout en la divisant. Elle en avait extrait son goût pour la création bouffonne. Celle-ci se voulait témoignage de cette douleur psychique. Sa composition artistique puisait sa matière créatrice dans le désarroi. La création artistique représentait de la sorte une issue à son handicap, qui était acceptable pour cette jeune fille, sans être résolutoire. L'issue était fragile. La souffrance restait à ciel ouvert inscrite dans ses chants et ses poèmes.

Ce récit clinique est l'occasion de combattre une idée reçue selon laquelle la psychanalyse nuirait à la création artistique. La question se traite là encore au cas par cas ; mais on peut entrevoir avec cet exemple que la cure peut conduire un sujet à aiguiller sa souffrance de son handicap vers la création et lui offrir ainsi matière à en faire un art. Pour Ariane, cet usage ne semblait pas acquis, parce qu'il réclamait de s'étayer sur une élaboration de son être morbide, fantasmatique, qui n'avait pas été accomplie.

La protection d'Antoine

L'IMPUISSANCE MASCULINE

Ce qui frappait quand on rencontrait cet homme de 30 ans la première fois, c'était un paradoxe dans son apparence : le style Hugh Grant, bel homme très brun, yeux clairs, élégant, mais maladroit dans ses gestes, pataud dans sa façon de se tenir, un sourire presque nigaud. Une mollesse qui tranchait avec son physique de séducteur. « Je suis impuissant », m'annonça-t-il, à peine assis dans le fauteuil. Et puis, plus rien. Il attendit. « C'est tout ? », lui répliqua l'analyste, provocatrice. Silence... Il restait là, laissant l'autre décider de ce qu'il fallait faire. Cette position de passivité totale était telle qu'elle provoqua chez l'analyste une sorte d'impatience, et que celle-ci leva la séance sans bien mesurer ce qu'elle faisait : « Eh bien, on s'arrête là. » L'homme se contentait de sa condition, et donnait envie de le bousculer. Couper ainsi le premier entretien était inhabituel, mais s'était imposé. Il fallait indiquer d'emblée qu'une analyse n'est pas une assistance.

Bien que l'impuissance sexuelle existe depuis longtemps, elle appartient pourtant à la pathologie moderne, dans le sens où elle n'est plus seulement synonyme de frein sexuel, mais aussi d'appétence. Le monde imaginaire se substitue au monde réel. La prépondérance de l'image dans le monde moderne permet à l'impuissant de vivre par procuration. Il peut repousser à plus tard le moment de faire ses preuves dans la réalité, et assumer d'autant plus sûrement son désir dans l'imaginaire, sachant pertinemment qu'il n'est jamais aussi bon que dans ses fantasmes. Au point que certains vivent leur sexualité hors tout échange corporel, se contentant strictement du fantasme par le biais du virtuel ; d'autres n'évitent pas le corps à corps, mais ils se servent du fantasme comme relais à leur propre défaillance. Chaque image de plaisir soutient leur érection. Tout se passe comme si l'impuissance avait trouvé dans le commerce de l'image sexuelle, télévisuelle, cinématographique ou « internautique », à se satisfaire sans se discréditer et, de ce fait, à se renforcer. L'homme entravé a ainsi la possibilité d'ignorer ses entraves. On sait que l'impuissance a sa part dans la prolifération des films et des sites pornographiques. Antoine était de ceux qui n'avaient pas renoncé au corps à corps.

Quand l'illusion remplace l'action

Qu'il soit revenu me voir avait de quoi surprendre. Il aurait pu conclure d'emblée que ce cabinet ne serait pas un lieu où il se ferait aimer, ce qui, nous le verrons, était pour lui une condition indispensable à toute entrée en matière. Précisément, s'il ne réduisait pas sa vie sexuelle aux relations virtuelles, c'est qu'il n'avait pas renoncé à sa séduction et à ce qu'elle impliquait : il aimait qu'on l'aime. Le seul regard d'une femme sur lui suffisait à déclencher l'envie de la séduire pour se faire aimer. Et sa passivité, si évidente, était une attente, une demande muette. Cette demande avait la force de ce qui réclame sans pouvoir se satisfaire, faute de se dire. Là encore l'imaginaire prenait le pas sur l'acte, et alimentait son exigence intérieure d'être aimé.

L'impuissance compliquait cette exigence, souvent la contrecarrait, car comment donner suite à la promesse que la rencontre faisait naître ? Aussi cet homme misait-il tout sur son apparence. Il montrait ce qu'il avait, faute de pouvoir donner ce qu'il n'avait pas. D'où la démesure de son intérêt pour tout ce qui concernait le monde de l'image. Il était effectivement lui-même un adepte des sites pornographiques d'Internet qui occupait ses soirées, ses nuits et ses week-ends célibataires. Voyeurisme et masturbation venaient tromper son ennui, et repousser son désarroi. Toujours cette manière de compenser par l'image le défaut de l'action. Antoine jouait de son charme pour captiver les femmes et leur faire croire qu'il avait de quoi donner à leur rapport ce qu'il fallait pour les rendre heureuses. Cet homme prenait les femmes au piège de cette illusion d'être pourvu, là où, lui, savait qu'il n'avait pas de répondant. En particulier, il jouait de son sourire, d'autant plus mystérieux qu'il ne l'accompagnait pas de beaucoup de paroles, car, dans ce domaine aussi, l'impuissance sévissait. Le sourire jouait le rôle d'un voile qui donne à voir sans rien montrer d'autre qu'une surface plaisante et prometteuse.

Plaire à tout prix

Ce qu'Antoine exposa dans les premiers temps de l'analyse, il en avait fait la démonstration *in vivo* lors de la première séance. Avec l'analyste, il avait agi comme il agissait dans toute rencontre un peu troublante. Il lui fallait se faire aimer, d'autant plus par l'analyste supposée savoir les mystères de la vie amoureuse et sexuelle. Il fallait lui plaire, tout en étant impuissant à parler, ce qui, dans une cure par la parole, représentait un handicap majeur ! L'analyste avait eu le flair de ne pas tomber dans le piège de sa séduction, et l'avait de la sorte convaincu de son savoir supposé. Ainsi, les conditions requises étaient remplies pour qu'une véritable analyse puisse avoir lieu.

Il devint manifeste qu'Antoine avait mis en acte d'entrée de jeu dans l'analyse ce qu'il mettait en acte habituellement après la rencontre : décevoir l'autre, en lui découvrant son manque. Décevoir l'autre pour que celui-ci le laisse tomber. Derrière la façade couvait un sentiment de ratage profond que son impuissance était chargée de manifester et d'entretenir. Il donnait envie de lui dire : « Que va-t-on faire de vous ? », faisant écho à ce que sa mère lui serinait depuis l'adolescence : « Que vais-je faire de toi ? » Antoine échoua dans ses études secondaires. Il rata son baccalauréat. Dans les réunions de famille, Antoine passa son temps à rêvasser ou à « amuser la galerie », se sentant, se mettant toujours à part, « à côté de la plaque », ennuyé par ce qui se disait ou se faisait. De même qu'il suivait à contrecœur son père et son frère qui bricolaient tous les dimanches, en racontant des histoires salaces. Jamais il ne se sentait faire partie d'un groupe. Sauf quand il « faisait le clown » devant les copains et les copines, qui « en redemandaient ». Alors, il avait l'impression de devenir quelqu'un, d'être indispensable. Alors, enfin, on l'aimait.

Son appétence pour tout ce qui concernait le regard et l'image s'édifiait ainsi sur leur rôle de cache-misère. Plus on le regardait, plus on l'aimait, moins il manquait. Il en développa un goût et un savoir-faire pour l'esthétique qui l'engagèrent à entreprendre des études théâtrales.

« Je veux être comédien », affirmait-il encore dix ans après les avoir débutées. Puisque dans son enfance, dans sa famille, auprès de ses amis, on l'aimait quand il cherchait à attirer l'attention avec ses clowneries. Il était partagé entre une certaine mégalomanie et le sentiment d'impuissance et d'échec. Il disait avoir la certitude qu'il était « bon », et que seules des raisons psychiques l'empêchaient de « percer ». C'était même la seconde raison pour laquelle il avait entrepris cette analyse. Cette conviction tranchait avec son style désorienté, hésitant, incertain. Il présentait son talent comme un atout caché, qui émergerait, une fois guéri. Il le faisait miroiter sans en avoir la garantie. Cela nourrissait chez lui un désir de réussir, de faire ses preuves, de se révéler, qui a été un véritable moteur. Au point que, sans cet idéal qui soutenait chez lui l'espoir de devenir un jour quelqu'un, on peut se demander si sa pente dépressive et dépréciative n'aurait pas eu raison de lui.

L'ange et la bête

Comment comprendre un tel embarras ? L'analyse fit apparaître une facette de son personnage en contradiction avec cette façade inhibée. Un rêve lui en donna l'occasion :

il roulait en mobylette sans casque, prenait un sens interdit et, pour finir, rejoignait un groupe de jeunes Arabes « qui insultaient les flics ». « Je suis un Arabe, conclut-il, un étranger, un homme qui aime la jouissance, et que l'on empêche d'exister. Aussi n'ai-je pas d'autre solution que de n'être jamais dans le rang. Je suis un caïd qui ne le montre pas. Je fais l'ange, mais je ne suis qu'une bête. » Un ange qui se met à part, hors de la demande parentale, un homme qui renonce à la virilité pour ne pas être comme son père ou son frère, un saltimbanque qui fait le bouffon. Tout cela pour échapper à ce qui devint pour lui une hantise : la routine de la vie familiale, « la mort dans la vie », comme il le disait joliment. Il eut très jeune une répulsion pour le quotidien, l'habitude, ayant une conscience aiguë de l'ordinaire.

Il se souvenait encore de l'angoisse que provoquait le « à demain ! » de sa mère adressé tous les soirs à l'institutrice. Son style « lunaire » était en fait une provocation pour déroger à la loi mortifère parentale. Il se montrait en dehors de la norme parce que ses parents en avaient fait un impératif de l'existence. La norme signifiait l'ennui, le néant. Sa mère en particulier avait pour la norme une passion, ce qui avait fini par provoquer des ravages chez son fils. Elle avait un respect sans bornes pour l'autorité et la supériorité, et « faisait passer en premier le maire, la police, le médecin et l'instituteur ». Un jour, cette révérence au maître faillit avoir des conséquences tragiques pour Antoine. C'était l'heure du dîner. Sa mère l'appela, lui demandant de descendre dans la cuisine qui était au rez-de-chaussée. Mais lui, qui se tordait de douleur sur son lit depuis un bon moment sans oser appeler, ne répondit ni ne descendit. Il savait qu'elle n'admettait aucune dérogation à la règle du dîner et souffrait trop, de toute façon, pour crier. Il ressentait une douleur à la tête qu'il n'expliquait pas. Elle l'appela ainsi une fois, deux fois, trois fois, sans même se demander ce qui se passait. Il était « impensable » qu'il puisse se passer autre chose que ce que l'habitude ordonnait ! Devant cette insistance, il entreprit de descendre l'escalier sur les fesses, étant dans l'incapacité de se tenir debout, se sentant vaciller. Le voyant ainsi au beau milieu de l'escalier, elle lui hurla de se redresser et de cesser de « faire des manières ». Elle ne voulait pas voir, pas savoir, pas entendre. Ce « martyre » dura jusqu'à la fin du dîner, jusqu'au moment où elle reconnut qu'il y avait là peut-être autre chose que de la « comédie ». Elle finit par appeler le médecin qu'elle eut tant de réticences à « déranger pour rien, et à une heure pareille ». Il venait de déclarer une méningite. Avec cet épisode, il avait fini par comprendre le désir de sa mère : il ne devait pas déranger, il « fallait toujours faire passer l'autre en premier ». Il apprit à ne pas se faire entendre.

« Efface-toi ! »

Pour respecter cet impératif maternel, il en avait développé un trouble très invalidant. En effet, il entretenait avec la parole un rapport plutôt bizarre. Il l'exprima de cette façon énigmatique : « Quand je suis dans mon personnage, je peux parler ; quand je suis moi, je me mets à bégayer. » Étant comédien, il cumulait les castings. Au moment où il répétait une scène pour la présenter, il était « parfait » aux dires de celui qui lui donnait la réplique. Lors du casting, sa bouche commençait « à enfler », sa pensée « à s'embrumer », « je deviens confus, expliquait-il, j'ai des trous de mémoire, je bégaie, j'accroche sur les mots ; c'est une catastrophe ! ». Il suffisait qu'il se trouve en situation de répondre à l'attente de l'autre pour que se réalise le désir de sa mère : ne pas se mettre en avant, ne pas se faire entendre, faire le mort. Cela signifiait que, sur scène, il ne jouait pas un personnage, il était lui-même, c'est-à-dire celui qui ne doit pas se mettre en avant. Son propre désir, qu'il engageait dans les castings, se heurtait sur scène à ce désir mortifère dont il était imprégné. Son handicap s'était, pour lui aussi, introduit dans ce secteur essentiel de sa vie et nuisait fortement à sa carrière. Il s'avéra dans l'analyse que la supplication maternelle : « Que vais-je faire de toi ? » contenait une réponse cachée pour ce sujet : « Rien. Ne sois rien. Efface-toi. » Toute la question fut pour ce patient de sortir de ce rang-là où, dans son fantasme, on l'assignait à l'inexistence. La comédie et l'impuissance lui permettaient ainsi de nouer son désir et ce diktat : « faire le fou » tout en demeurant inopérant. En outre, le métier qu'il finit par apprendre « en attendant », celui d'éclairagiste, satisfaisait cette nécessité de vivre caché et de laisser les autres occuper le devant de la scène.

Chez cet homme, l'impuissance réalisait un compromis entre l'effacement et la rébellion. L'impuissance l'inscrivait dans le désir de sa mère qui avait fait du renoncement au plaisir une ligne de conduite pour elle et pour son fils. Mais il lui avait obéi jusqu'à la caricature, lui, le comédien raté. Comme s'il voulait la confronter à son échec de mère, comme s'il lui disait : « Vois ce que tu as fait, je ne peux rien faire de moi. Est-ce vraiment cela que tu voulais pour ton propre fils ? » C'était sa manière de reprendre la main, et d'assouvir sa rancune à l'égard de celle qui l'avait ainsi invalidé. Son impuissance conciliait de la sorte une pente certaine, visible, au masochisme, avec une autre, tout aussi réelle mais voilée, au sadisme. Cette rancune indiquait une autre face du personnage, où il ne s'admettait pas perdant. Elle était une source d'énergie, une vitalité rentrée qui expliquait en partie pourquoi il était venu à la psychanalyse, pourquoi il persistait à croire à son succès. Elle permettait à l'ange et à la bête de faire bon ménage.

Devant une femme comme devant un homard

Ce paradoxe de l'impuissance recoupait évidemment les deux domaines du plaisir qui avaient sa préférence : le regard toujours très présent et l'oralité qui émergea quand il se décida à aborder les détails de son impuissance. On aura compris que la séduction, terrain de prédilection pour le regard, lui servait autant à provoquer la rencontre qu'à imposer une limite à sa proie, afin de ne pas devenir lui-même cette proie. Il engageait la relation sur un registre plaisant, où il semblait sûr de ses talents, de sa beauté, de son sourire, pour retourner la situation dans laquelle il se retrouvait incapable de passer à l'action, restant interdit et confirmant en cela le verdict maternel : « Que vais-je faire de toi ? » C'est alors qu'il expliqua qu'il était devant la femme séduite, au moment de faire ses preuves, comme s'il était « devant un homard sur une assiette ». « Je ne savais jamais par quel morceau l'attaquer ! » La formule était radicale, bien qu'encore une fois double, se retrouvant autant dans une position conquérante que défensive. On y découvrait que la relation sexuelle avec une femme était un combat, et que les armes n'étaient pas de son côté. Pour lutter contre sa maladresse au moment de l'acte, il recourait à un subterfuge qui donnait au rapport sexuel une tournure purement technique et plus du tout libidinale. Il n'avait plus affaire au corps d'une femme, mais à un instrument dont il connaissait le mécanisme. Le résultat obtenu était conforme au résultat visé : rabaisser la féminité de celle qui risquait de lui prendre ce qui lui restait de sa dignité d'homme. C'est pourquoi, il s'attachait à séduire une femme dont il finissait toujours par se dire qu'elle « était trop belle ». Pour mieux la rabaisser ! Notre impuissant se révélait plus victime de sa tendance sadique, un carnassier amateur de bonne chair, que victime de cette tendance masochiste à se faire prendre. Il se tendait lui-même un piège, en cherchant à piéger celle qui avait fait de lui cette « chiffe molle ». Le « bon à rien » se voyait donner ainsi raison à sa mère qui lui reprochait inlassablement « d'avoir les yeux plus gros que la tête », et lui enjoignait de restreindre ses appétits ! De la sorte, quand il s'effaçait et laissait sa partenaire prendre la première place, ce n'était que pour mieux la dévorer... des yeux, à défaut d'avoir ce qu'il faut pour être à la hauteur de sa gourmandise.

Piégé

« Ne pas se faire prendre » : telle est la formule qu'Antoine a fini par dégager pour traduire son impuissance. Il précisa qu'il n'y avait pas d'équivoque pour lui, il s'agissait de ne pas se faire prendre au « piège ». Le « piège », dans lequel l'impuissance faisait tomber cet homme et dans lequel il faisait tomber les femmes, impliquait une angoisse inconsciente majeure ; et celle-ci se réveillait chaque fois que son impuissance entrait en jeu, dans un casting, face à une femme, quand il était question de défendre ses droits, de réclamer quelque chose, ou quand sa mère lui téléphonait. La formule d'Antoine – le « piège » – traduisait plus clairement que « l'ingérence » de Martine ou la « métamorphose » d'Ariane, la fonction de défense d'un handicap. Hanna, en se protégeant dans sa « cuirasse » mutique et boulimique, en était plus proche. Antoine se protégeait par l'inhibition de la parole, la passivité, la mollesse, mécanismes assez courants auxquels il ajoutait son jeu avec la séduction, moins directement déchiffrable comme défense.

Mais cette formule défensive s'alimentait en sourdine d'une satisfaction qui donnait à l'impuissance une structure méconnue, dans la mesure où celui-ci péchait plus par l'excès que par le manque. Là où l'impuissance semblait satisfaire principalement une tendance masochiste et inhibante, elle s'affirmait chez lui dans le registre de la haine et du sadisme. L'homme se servait de son inaptitude comme d'une arme diabolique : l'impuissance sexuelle lui permettait d'assouvir un besoin de révolte et de vengeance. La formule « se faire prendre » contient l'expression même de la pulsion sexuelle. Au moment de l'acte, Antoine mettait en jeu ses fantasmes de soumission ou d'agression. Comme s'il disait à sa partenaire : « Tu ne me prendras pas à ton piège ; tu ne me refuseras pas ce que je te demande. C'est moi qui te refuse ce que je te fais goûter. » Il se vengeait ainsi de sa mère en refusant aux femmes ce qu'elles étaient censées désirer : lui prendre tout ce qu'il avait, jusqu'à son plaisir, jusqu'à son être même.

Les ruses de l'analyste

Que l'analyste ne se soit pas laissé prendre à son piège a permis à cet homme anxieux de lui accorder sa confiance. Le transfert s'est accroché sur ce savoir-faire de l'analyste qui semblait offrir une garantie contre l'impuissance. Antoine ne manqua pas cependant de saisir les occasions pour en vérifier la fiabilité. L'analyste ne comptait plus le nombre de fois où il se présentait en séance, visiblement anxieux – parfois même terrorisé – les bras ballants, grommelant quelques mots d'excuses, parce qu'il n'avait « rien à donner » pour payer sa séance. Il était clair qu'il venait les mains vides tester si elle allait le prendre avec ce rien à lui offrir. Il ne pouvait pas faire autrement. Et l'analyste dut faire avec. Il lui a fallu accueillir ce symptôme, mais tenter aussi de s'en servir pour bousculer cet accommodement. Elle joua de la surprise, de l'imprévu. Il ignorait quelle serait sa réponse : ne faire aucun commentaire, lui demander de revenir déposer l'argent dans sa boîte aux lettres l'après-midi même, ou de l'apporter la séance suivante. Elle avait toutefois institué une règle : jamais deux fois de suite. Il la respecta rigoureusement.

Il pouvait ainsi se faire prendre en défaut sans se sentir pris au piège. C'est sur cette disjonction que l'analyste faisait reposer son assentiment. Il venait en analyse pour traiter sa faille. Aussi fallait-il donner à cette faille une place dans la relation analytique, puisque lui-même l'y avait introduite. Mais sans qu'il continue à croire que l'autre en ferait un instrument pour le détruire.

Quand on est comédien et qu'on ne veut pas se faire prendre, cela pose un vrai problème. Antoine s'y était cogné pendant des années. Pour lui, il convenait de disjoindre là aussi, comme dans la cure, le « se faire prendre » du « se faire prendre au piège ». Réussir à se faire prendre comme comédien, sans craindre de tomber dans les filets paralysants de l'autre. Quand il se présentait dans un casting, il devait enfin réussir à jouer un personnage, sans mettre en jeu son être vengeur ou victime. Il lui fallait – tout simplement, me direz-vous – jouer ! C'est ce qu'il a fini par faire, en prenant le rôle principal d'une pièce qu'il a jouée en province. Il me dit ceci, qui semblait résoudre son dilemme : « Sur scène, j'étais dans la réalité de mon rêve. » Peut-être a-t-il eu raison de poursuivre dans cette voie, malgré la suspicion des autres et ses propres défaillances. Pourquoi pas ? Puisque, là au moins, il se sent « libre », délivré de ses chaînes, et suffisamment puissant pour « laisser venir les choses, et les laisser sortir ». La suite de son aventure analytique devrait lui permettre de vérifier si la comédie qu'il joue se fonde sur ce qu'il est ou seulement sur ce qu'il évite pour supporter son handicap.

Victime, vous avez dit...

La maladie affective de Martine, Hanna, Ariane et Antoine tenait autant à leur besoin de l'entretenir qu'à des faits réels. Héritiers de leur histoire plus ou moins pénible, ils sont partis dans la vie avec leur disharmonie. Ils ont cherché les uns et les autres à se l'approprier de cette manière paradoxale : ils se sont faits les instigateurs de leurs difformités, ont nourri des fantasmes destructeurs, cherchant dans toutes les occasions que la vie leur offrait, familiale, amoureuse, professionnelle ou sociale, à recréer leur douleur. Cette disharmonie les débordait et les invalidait au point qu'ils devenaient prisonniers de leur propre stratégie.

En les invitant à découvrir cette vérité déroutante et pénible, je leur ai proposé, en analyste, qu'ils se fassent les auteurs de ce qui les débordait. Il fallait les conduire à désigner eux-mêmes leur handicap, hors de toute catégorie préétablie. En effet, la langue commune est impuissante à exprimer son propre malaise : une boulimique croit toujours ressembler à une autre boulimique. Au cours de leur analyse, chacun d'eux a pu traduire son malaise dans sa langue singulière, qui lui est apparue longtemps comme une langue étrangère.

Stérile, mutique et boulimique, indécise et angoissée, impuissant : tels sont les noms dont se servaient les trois femmes et le jeune homme en entrant en analyse. « Ingérence », « cuirasse », « caméléon » et « piège » furent ceux de leur création, évidemment bien moins prêts-à-porter, car très singuliers. Pourtant, ces mots singuliers leur sont apparus au cœur de leur problématique.

Ce qui peut surprendre, c'est que chacun en soit venu à produire un nom particulier. Il se trouve que la psychanalyse permet d'élaborer sa propre histoire, qui est en fait l'histoire de sa disharmonie, et de créer ses propres mots clés. Alors apparaît la différence entre l'individu, « formaté », et le patient, inventeur. Ces noms « ingérence », « cuirasse », « caméléon », et « piège » leur sont devenus précieux, car ils leur ont servi à traduire le sens caché de leurs difficultés, à découvrir qu'ils étaient ainsi, à leur insu et pour leur malheur.

Ce fut leur conclusion, après avoir dégagé la stratégie qui était la leur et qu'ils ignoraient jusque-là. En effet, l'énergie libidinale, ce besoin incontournable de plaisir[13], s'était frayé une voie en prenant le masque d'une maladie organique ou d'une souffrance affective. Elle s'était déguisée pour ne pas se faire reconnaître, et pour trouver sa satisfaction. Au prix de la douleur dont ces femmes et cet homme ont témoigné. Refusant de reconnaître leurs instincts pas toujours avouables, ils préféraient se plaindre et dénoncer leur mère ravageante ou irresponsable, leur père incapable, ou leurs partenaires pour l'un trop possessif, pour l'autre trop indifférent. Eux pensaient qu'ils ne voulaient pas tout ça, qu'ils n'étaient que les victimes de leur destin malheureux et l'instrument de leur discordance. Ils ont fini par admettre que leur handicap leur servait de défense contre tous ces autres, tous ces proches qui, dans leur fantasme, leur voulaient du mal, mais surtout contre eux-mêmes, tant ils voulaient ignorer leurs désirs anormaux. Ainsi, pour affronter leurs fantômes intérieurs, une femme se faisait caméléon et l'autre mouche du coche, la troisième s'enfermait dans une cuirasse, et l'homme tombait dans une trappe.

Ils n'avaient fait là que les premiers pas d'une analyse.

II

AU-DELÀ DU MALAISE :
UN PROBLÈME ET UNE SOLUTION

Est-ce parce que leur discordance est trop profonde ? Est-ce parce que le souffle de vie est chez eux plus fort que chez les autres ? Toujours est-il que certains patients décident de dépasser la première étape de leur analyse, celle de l'effet thérapeutique. Ils consentent à dégager leur démarche de cet impératif de bien-être qui réduit l'horizon de la vie, qui paralyse plus qu'il ne libère. Le bien-être laisse, de fait, peu de place à l'invention ; alors que les fêlures de la vie en sont, au contraire, fécondes. Ces patients plus aventureux ont exigé d'eux-mêmes d'« être dans leur vie » – vœu si souvent prononcé sur le divan. Ils étaient prêts à en payer le prix quelle que soit l'issue, qu'elle soit conforme ou pas à la mesure commune. Ils ont accepté de poursuivre leur analyse vers une voie qu'ils ne connaissaient pas et qui ne promettait pas d'être immédiatement fructueuse. L'inconnu était au rendez-vous, mais un inconnu qui se révélerait bien plus intime qu'ils ne l'avaient soupçonné !

Héloïse, la femme légume

DE LA DÉPRESSION AU SURSAUT

Héloïse est née dans les quartiers populaires de Marseille. Elle s'adressa à la psychanalyse comme à sa dernière chance. Car elle avait affaire depuis longtemps à une lassitude inexplicable. L'analyse lui permit d'en trouver les raisons, tout du moins celles qui étaient accessibles par son histoire. Et elle mesura les conséquences de ses propres rejets. D'un côté, elle refusait ses origines populaires, et, de l'autre, elle ne supportait pas de faire avec le secret des origines de son père. Comme elle le disait, notant le soin qu'elle avait mis à se distinguer du reste de sa famille : « Je fais tache dans le tableau. » Par ailleurs, elle reconnut l'influence sur son tempérament de l'inertie dépressive de sa mère qui était paralysée par la violence de son mari. Et, ce qui fut plus cruel encore, elle admit qu'elle-même était « tétanisée » par cette violence du père, contre laquelle elle pensait jusqu'alors être totalement « immunisée ». Elle n'avait pu échapper à cette dépression. Tous ces maux, elle les comblait par une boulimie occasionnelle et par une tristesse récurrente.

La partante

Elle est parvenue, elle aussi au bout d'un certain temps, à donner un nom à ce trouble qui encombrait sa vie : elle l'appela « la partance ». Cette femme était une « partante », ce mot est à prendre dans son acception dévalorisante ; elle était, profondément, démissionnaire. À l'opposé de Martine, l'ingérente. Elle était toujours sur le départ. Elle s'imaginait, au fond d'elle-même, qu'elle partirait un jour, qu'elle n'était là que temporairement. Elle était hantée par la nécessité de s'éloigner des seules origines qu'elle avait et par l'envie de lâcher son mari, sans doute parce que sa mère ne quitta jamais le sien. Elle, sa fille, passa à l'acte à plusieurs reprises sans pouvoir le quitter vraiment, parce qu'elle l'aimait. De même qu'elle déménagea ou demanda plusieurs fois sa mutation, mettant toujours plus de distance entre elle et les secteurs misérables de la banlieue parisienne où elle travaillait. Elle était fonctionnaire. Par ailleurs, elle s'amusa quand elle repéra que tous les hommes de sa vie avaient un point commun : ils étaient tous étrangers ; en particulier, son mari était vietnamien. Cela disait combien elle avait avec le départ et l'exotisme une relation intime. Son mariage était à lui seul l'affirmation de son désir de s'expatrier. Il fut une provocation mal acceptée par ses parents. De découvrir tout cela lui apporta un réel apaisement. Elle quitta son apathie, et se fit « partante » pour la vie.

Une solution qui est un problème...

Mais Héloïse ne s'arrêta pas là. Elle attendait plus de l'analyse, plus que ces bénéfices thérapeutiques. Parce qu'elle était curieuse de se connaître. Parce qu'elle craignait que sa douleur ne revienne. Aussi, un jour, elle fit un rêve clé d'où elle a extrait un maître mot qui la désignait, mais, cette fois, bien au-delà des embarras de son malaise, bien au-delà de sa compulsion au départ. Dans ce rêve, l'analyste l'envoyait acheter des légumes, à la place de sa séance. Une fois de retour, il lui fallait s'allonger sur le banc de la cuisine jonché de ces légumes, se faire une place autour de la table. Car celle-ci ne lui avait pas été réservée. C'était bien ça : elle était un « légume », à entendre dans son acception familière. Un légume, on l'arrache, on le mange et il est sans réaction. Cette femme sans racines avait trouvé cette formule, « légume », qui conjuguait son mal-être de « partante » avec l'être qu'elle était dans son fantasme.

Elle l'ignorait jusqu'alors, mais une fois énoncé, elle mesura à quel point « être un légume » jouait un rôle essentiel dans sa vie. En particulier, cela expliquait pourquoi elle avait ainsi des accès d'apathie, qui contrariaient sa bonne volonté, ses envies d'entreprendre des actions humanitaires, et neutralisaient sa révolte. C'est à sa tristesse qu'elle l'attribuait. Ce qui n'était pas faux, mais insuffisant. En fait, être un légume avait ceci de dégradant qui expliquait son besoin de fuir et sa tendance à se gaver de « cochonneries ». Elle se faisait, dans l'inconscient, cet être ordinaire, voire indésirable. Cela expliquait de même pourquoi elle avait à ce point le sentiment de « faire tache ». Elle admettait qu'elle-même faisait ce qu'il fallait pour être cette tache. C'était déjà perceptible, quand elle avait réalisé la couleur de peau de son mari. C'est pourquoi aussi, elle se sentait si affectée par la situation précaire des misérables.

Telle était donc la solution pathologique et ignorée d'elle-même, qu'elle avait inventée pour supporter son destin lacunaire. Celui-ci menaçait de faire d'elle un être rejeté, elle le devançait, « se gâchait » et anticipait son départ. Une solution certes, mais qui était un problème ; une solution à l'origine de sa propre condition misérable.

... Et une autre solution qui est une résolution

Le traitement analytique donna naissance à une autre solution. Cela supposait qu'elle abandonne ce goût de la « partance » et sa position de « légume ». Émergea une vocation qui avait germé tout au long de l'analyse, à bas bruit. Alors qu'elle écrivait des nouvelles, qui semblaient avoir de réelles qualités littéraires, elle choisit une formule bien plus sophistiquée, totalement inspirée de la démarche analytique. Elle désira se faire écrivain public. Cela lui allait comme un gant ! Proposer à d'autres d'écrire leur histoire, pour, disait-elle, qu'ils puissent la transmettre. Jolie invention qui fait du « départ » une histoire, qui inscrit l'origine noir sur blanc et qui lui réserve une place de choix dans la vie des autres ! Elle avait inventé un moyen d'intégrer sa disharmonie foncière dans une nouvelle disposition. Plus encore de s'appuyer sur celle-ci pour développer un nouveau savoir-faire au service des autres qui peut-être étaient comme elle.

Ainsi, elle démontrait qu'on peut se servir de sa discordance pour inventer sa solution.

Un drôle d'arrangement

Héloïse est allée, dans son analyse, au-delà des embarras perceptibles du mal-être. Elle a atteint une part d'elle-même dont elle ne soupçonnait pas l'existence, l'impact, ni la tournure. Cette part-là où elle s'est découverte « légume » était essentielle. Car elle était à l'origine de cet handicap affectif, de la tristesse et de la boulimie, à l'origine de la souffrance et de l'impuissance. Et, en dépassant la seule plainte que ce handicap entretenait, Héloïse a pu découvrir en quoi « être un légume » était aussi un arrangement.

Dans cette zone, où le fantasme lui offre une identité majeure, elle récupérait une satisfaction d'être ça, ce légume. Elle y trouvait de la substance. Elle s'inventait une singularité qui allait jusqu'à la définir. Cette satisfaction peut surprendre, car cela impliquait pour cette femme d'être, dans son for intérieur, rabaissée et rejetée. À ce niveau-là, l'être s'accommodait de ses défauts, là où, au niveau du handicap, il ne s'en accommodait pas et en souffrait. Cette femme a découvert sa stratégie névrotique, et le bénéfice qu'elle en retirait jusque-là. D'où cette notion de solution du mal-être, notion éminemment paradoxale qui était plutôt un problème. À cause de ses conséquences destructrices ; elle écrasait cet être qui n'avait que l'identité de légume pour fonder son existence. Une solution névrotique, donc, mais essentielle et opérante. Étrangement, elle aimait à se retrouver dans ce pays connu même si celui-ci était douloureux et hors norme. Elle y rejoignait ce que, foncièrement, elle rejetait d'elle-même et ce dont elle refusait de se défaire. Cette femme névrosée y puisait les accents de son masochisme.

Aussi n'en était-elle pas seulement le jouet, mais aussi le promoteur. Disons qu'elle en était tributaire, au point de l'utiliser. Cette face de son malaise agissait en parasite indispensable, étant partie prenante de la structure et nécessaire à un certain équilibre dans le déséquilibre.

Dénouement

La psychanalyse a permis à Héloïse de dénouer ce gain artificiel de l'être pour trouver une véritable destination à son symptôme. Passer de la solution névrotique à une solution authentique, réaliste et maniable, tel est donc le projet d'une psychanalyse poussée aussi loin que possible. À la différence de Martine ou Hanna, enfermées l'une et l'autre dans leur satisfaction masochiste, Héloïse, elle, a réalisé ce passage grâce auquel elle s'est affranchie de son malaise pour découvrir d'autres horizons. D'autres patients, eux aussi, ont fait ce voyage, et trouvé leur propre formule. Nous en faisons ici le récit.

Michel ou comment se faire à être juif
SE DÉBARRASSER DE SES FANTÔMES

Que la parole représente un handicap plutôt qu'une aide est une souffrance que les psychanalystes rencontrent fréquemment chez leurs patients. Au point de se dire que la psychanalyse est faite pour apprendre à parler. La parole encombre les hommes, plus souvent qu'elle ne les libère. Elle leur fait peur, étant la seule voie pour sortir de leur enceinte. Ils enragent, ils gémissent. Ils sont impuissants à faire de cet instrument leur outil. Mais Michel, lui, en avait fait un véritable symptôme qui traduisait sa phobie des êtres humains [14]. Il retenait tout de suite l'attention par l'usage très particulier qu'il avait de la parole. Il jouait avec elle, car il ne concevait pas de s'y fier. Il entretenait avec elle un rapport sans illusion. Ce fut en tout cas ce qu'il ne cessa de mettre en jeu dans son analyse. Il y venait dans le but de parler, mais sans l'idée de comprendre. Cela lui donnait un style original. Son discours était spirituel, moqueur ou ironique, le plus souvent laconique, maniant les maximes, les onomatopées, les sous-entendus, les calembours. Il se moquait du langage, dont il disait qu'il était son instrument. Il se sentait aliéné par lui, et détestait ça. Il avait en fait une peur maladive du poids des mots, et mettait tout en œuvre pour l'atténuer.

Comme un électron libre

De la sorte, il se mettait à l'écart de la vie. Être toujours ailleurs, insaisissable, soucieux d'échapper à tout engagement. Et ceci depuis toujours. À l'école maternelle, il avait mis des mois à se sentir à sa place, pleurant tous les matins et tous les soirs, au moment du passage maison-école. À l'armée, il avait réussi à se faire réformer après une grève de la faim et un bref internement en psychiatrie militaire. Son choix conjugal était un choix tendre et sans histoire. Il était épris, mais il n'était pas pris. Sa vie professionnelle l'y aidait, puisqu'elle l'entraînait sur les routes de France, la semaine durant. Il était VRP, ce qui mobilisait son malaise avec la parole dans des proportions qui lui étaient parfois insupportables. Il fallait qu'il soit convaincant, lui qui ne l'était pas, lui qui ne croyait pas aux mots. Cette détermination à « être un électron libre », comme il l'affirmait, lui donnait un genre marginal, insolite. Il refusait les conventions, se révoltait contre les mesquineries et la bêtise, et s'amusait de la comédie humaine dont il aimait à adoucir les aspérités. Il s'émouvait plus de la quotidienneté que de l'exploit. Il avait sur le monde ce regard distant mais jamais méprisant, toujours attendri. L'essentiel était qu'on ne lui mette pas la main dessus.

Le secret

Ce détachement volontaire était le résultat d'une posture de défense face à une terreur qui l'habitait et le terrassait. Voilà pourquoi, il s'était adressé un jour à la psychanalyse et avait consenti à s'y engager avec application et constance, mais aussi beaucoup de scepticisme. Il y a découvert sa détresse et sa peur qui lui ont permis de mettre enfin un nom sur un sentiment de tristesse et une angoisse qui l'accompagnaient depuis toujours. Michel ne venait pas pour comprendre. En fait, il était venu pour se délester de son « fardeau », le laisser à l'analyste. C'est ainsi qu'il a fini par formuler sa demande d'analyse. Sa manière d'être en analyse était étrange, déterminée par ce rapport entravé à la langue. Il avait peur, et prenait beaucoup de précautions. Il était si peu enclin à se confier ! Aussi, les séances se déroulaient avec peu de souvenirs, peu de digressions, de jugements, pas de plainte, un discours descriptif, logique, accompagné de fréquents paradoxes et de mots d'esprit, scandés par quelques rêves. Par contre, une présence, une demande pressante, un transfert attentif, vigilant. En particulier, allongé sur le divan, il était constamment tenté de se retourner pour surveiller l'analyste.

Nous n'insisterons pas sur ce qu'il déclarait être, avec ironie, sa position œdipienne. Il considérait sa mère comme un être dont il devait satisfaire les désirs et les idéaux, un goût particulier pour l'argent et le prestige. Juste ce qu'il fallait pour qu'elle le laisse tranquille. Il gardait avec elle aussi une certaine distance et s'en servait comme d'un recours. L'essentiel pour lui était concentré sur l'histoire funeste de sa famille paternelle. Son grand-père paternel était une victime de l'horreur de l'Holocauste. Quant à son père, il mourut prématurément, ce que

Michel lui-même considérait comme l'effet d'un deuil inconsolable. Précisément, ce n'était pas seulement la tragédie de ces deux vies qui fixait cet homme à la mort, mais le secret qui l'enveloppait. Un silence sans rumeur, sans signification, sans supposition, un silence absolu. Son style semblait dériver de ce non-su, il en avait endossé la trace et revêtu son être. Ainsi a-t-il fait de lui-même un « secret », s'inscrivant dans la tradition paternelle et assumant, du même coup, sa descendance juive. « Secret » était donc le nom de son être, de sa solution maladive à sa terreur pour ce qu'il présentait comme le destin auquel « tous les juifs » étaient suspendus. C'est ce qu'il traduisait dans son rapport intime à la parole. Avoir affaire à un secret sans en connaître la teneur l'avait poussé à développer cet handicap de la parole. Comme le « légume » chez Héloïse, le « secret » pour Michel était ce qui fondait ce handicap. Sa peur des mots venait de là. Il le réintégrait, en faisant des trous dans son discours, en particulier en ne cherchant ni ne donnant du sens. Il se faisait secret. Il avait trouvé là son refuge, et ne parlait qu'à condition de ne rien dire. C'était sa solution névrotique, qui elle aussi était un problème !

Confrontée à ce rapport aussi radical au langage, l'analyste devait cependant trouver la faille pour s'interposer. Elle avait affaire à une stratégie défensive vigoureuse, où son patient prenait un plaisir obscur à exposer le secret qui imprégnait ses dires, espérant neutraliser toute intervention. Il trouvait que c'était déjà beaucoup d'avoir confié à une étrangère qu'il existait un secret dans sa famille. Quant à admettre qu'il en avait fait son principe de vie, qu'il était ce secret, il ne pouvait encore y consentir. Il continuait à venir, je dirais, l'air de rien, inconséquent avec ses confidences. Parler sans effets, tel était son projet. Se soulager lui suffisait.

Pourtant, l'analyste prit la mesure de ce que sa seule présence induisait de perturbation dans le dispositif phobique de cet homme barricadé. Par sa présence, elle le délogeait de son refuge, l'entraînait dans un univers autre, inhabituel, qui imposait une énigme non encore répertoriée. Qu'est-ce que cette femme analyste faisait dans sa vie à écouter tous ses secrets, sans jamais lui en confier aucun ? C'est à peu près dans ces termes-là que se définissait la relation de ce patient avec son analyste. Celle-ci induisait une situation nouvelle avec laquelle il devait composer.

Les hommes en noir

Michel finit par en accepter le challenge. En effet, deux faits nouveaux ont changé la donne.

Premier fait. Quand il se trouvait dans la salle d'attente, en entrant ou en sortant du bureau de l'analyste, il s'est mis à murmurer des vers, rarement les mêmes, de manière presque inaudible. Il n'avait, comme d'habitude, rien à en dire, ni sur leur contenu, ni même sur sa conduite étrange. Il semblait vouloir garder cela pour lui. Comme un secret, évidemment. Il faisait de l'analyste un témoin, sans y attacher de signification, sans vouloir d'interprétation. Là encore, un pur discours, mais cette fois inclus dans la relation à l'analyste. Ce rituel était adressé à l'analyste. Par son murmure, il rendait presque palpable ce qui ne pouvait pas se dire. Le murmure était un dire sur l'impossible à dire. C'est pourquoi l'analyste s'en fit le dépositaire, sans jamais rien en dire. Une seule fois, il a pu m'indiquer qu'il craignait les paroles qui allaient lui venir en séance et que ces vers étaient comme la chanson du petit garçon qui a besoin de se rassurer pour descendre à la cave.

Deuxième fait. La confidence qu'il m'a faite en mettant en série un ensemble de rêves et dans laquelle émergeait une scène fantomatique : deux hommes en noir se ruaient sur lui et le capturaient avec une brutalité inouïe. Cette scène le hantait, elle était à l'origine de ses insomnies chroniques. Aux prises avec un monde fantasmatique où les gardes de l'Holocauste ressurgissaient pour l'emporter dans l'enfer où se trouvaient les hommes de la famille, il s'imaginait qu'ils pouvaient faire de lui un instrument de leur tyrannie, comme ils l'avaient fait des autres. Il n'était là qu'en sursis, sous la menace. Cette fiction donnait une réalité à ce qui, pour lui, n'en aurait jamais, ignorant tout des circonstances de l'enlèvement de son grand-père. Curieuse habitude des hommes, de créer de toutes pièces, par la pensée, la situation que, pourtant, ils redoutent le plus. Ce fantasme, qui transportait Michel dans le lieu de ses terreurs, avait comme fonction de les dompter, de les neutraliser. C'est aussi pourquoi il murmurait avant d'entrer dans le bureau de l'analyste. Il savait qu'il pouvait y rencontrer ses fantômes. Le fantasme des hommes en noir lui servait d'écran devant l'horreur de l'indicible.

Prendre la parole en main

Cela l'a conduit à une décision qui a représenté un virage dans ce traitement et dans sa vie. Michel a décidé de s'inscrire dans une procédure de l'école de psychanalyse à laquelle son analyste appartenait. Il s'agit de la *Passe*, dispositif de fin d'analyse [15]. Cette procédure impliquait pour ce patient de témoigner de son parcours analytique de la façon la plus intime et la plus authentique possible. Donc, pour lui, de livrer son secret. Fidèle à lui-même, il a peu parlé à l'analyste, durant la procédure, de ce qui s'y passait. Il ne l'a pas même informée de ses résultats.

Cet acte était surprenant de la part d'un homme comme lui, si jaloux de ses secrets, si réfractaire à tout engagement. En fait, il s'est avéré qu'il ne visait aucun engagement dans ce groupe. Il avait décidé de déposer dans un autre lieu ses découvertes et ses progrès thérapeutiques, mais pas pour son avantage personnel. En faisant cela, il donnait la preuve de ces progrès, il tirait les conséquences de son analyse. Chose contre quoi il avait tant résisté et dont il démontrait qu'elle avait eu lieu. Par ailleurs, il cherchait à délivrer son secret, qu'il avait réservé jusque-là à son analyste. En le mettant sur la place publique, en rompant ainsi avec le pacte familial, il admettait pour lui-même qu'il pouvait s'en libérer.

« Je ne suis plus dirigé d'outre-tombe », me dit-il après cela. Il avait déjà noté que l'angoisse qui l'oppressait se raréfiait et il ne manquait jamais de signaler avec précision les améliorations somatiques qu'il décelait. En livrant le secret, il s'était délivré ! Ce passage par cette école n'a été suivi d'aucun autre engagement. Pas dans cette école en tout cas, mais dans une autre, un établissement d'enseignement supérieur pour y étudier. Cela décrit bien l'opération que réalise une psychanalyse : dégager le patient de sa solution problématique, mortifère, pour en faire un usage libérateur.

Il présentait sa démarche comme un acte gratuit, désintéressé. Il avait fait l'expérience d'une parole libre, c'était essentiel, et il entendait ne pas en rester là. Il voulait faire usage de ce nouveau rapport aux mots. En s'en servant, il démasquait du même coup l'ascendant pathologique que la parole exerçait sur lui. Il en avait été l'instrument, au même titre qu'il croyait l'être des hommes en noir. Il ne l'était plus. La parole ne le menaçait plus. L'analyse lui avait permis de se défaire de la tyrannie du langage. Cet acte se soldait non seulement par la résolution de son handicap, mais aussi par l'adoption du langage comme étant son domaine privilégié, sa chose. Ayant tant souffert, il concevait qu'il avait acquis avec lui un rapport essentiel et éclairé. Il était un connaisseur des lacunes de la langue, plus que quiconque.

Un esprit assassin

Désormais, Michel se servait de la parole en analyse, sans prétendre qu'elle le laisse indemne. Il allait, de cette façon, à la rencontre de lui-même, au-delà du secret qui avait toujours eu avec lui le dernier mot. Dans cet au-delà, il observa que son univers se répartissait en somme entre la grandeur morale et l'horreur. Mais cette fois-là, l'horreur n'était plus contenue dans ses spectres, dont il se croyait la victime innocente et passive. À la place de ces fantômes, c'était lui-même qui agissait et jouissait de l'horreur.

Trois mots de cette nouvelle langue lui ont révélé ce nouveau visage. Ils renvoyaient tous à un même objet, le sang, avec lequel il s'est reconnu une intimité monstrueuse. Lui qui mettait un point d'honneur à ne jamais se départir de son flegme aperçut combien il était lui-même un « sanguin », capable de hurler sur un supérieur qui jouait les terreurs. Il sut, à une autre occasion, qu'il était prêt à briser son interlocuteur « de sang-froid » devant ses collègues, car celui-ci s'était approprié une vente, qu'il avait réalisée. Enfin, il découvrit ce que ses visites régulières aux abattoirs pouvaient avoir de suspect. Michel avait détaché sa phobie de l'esprit assassin que celle-ci voilait. Cela faisait la lumière sur l'usage réel qu'il avait de son handicap.

Après cette ultime trouvaille, notre homme a engagé son symptôme sur un terrain tranquille, amusant et créatif : l'écriture. D'une thèse tout d'abord – qui porte si bien son nom pour ceux qui cherchent à faire taire un savoir trop encombrant. Puis de nouvelles littéraires. Ce goût pour l'écriture n'était pas nouveau. Il en a été souvent question dans ces dix années d'analyse, toujours comme un embarras, une impuissance… à publier. Il avait ainsi réalisé une nouvelle construction, mais avec le même matériau, le langage.

Il décida d'arrêter son analyse parce qu'il se sentait en accord avec ce projet. Ce à quoi l'analyste souscrivit. Et c'est une lettre qu'il lui adressa quelques mois plus tard, pour clore définitivement ce chapitre de sa vie.

Thomas et son syndrome de Tanguy

SORTIR DE LA SPIRALE DE L'ÉCHEC

Thomas était enlisé dans une culture de l'échec, dont il ne pouvait se sortir seul. Il en faisait une vraie maladie, une névrose dont il ne voulait pas guérir.

Enchaîné à l'échec

Quand il s'est présenté pour la première fois à l'analyste, il lui a dit combien l'existence était vaine à ses yeux. Il se sentait inadapté et tellement insensible aux idéaux paternels de réussite sociale, de prestige et de fortune. À côté de cela, ses aspirations intellectuelles et artistiques, dont il attendait tout, n'aboutissaient à rien.

L'angoisse était omniprésente et contaminait sa vie quotidienne. Elle entretenait une inhibition dramatique de ses actes, dans tous les domaines de l'existence, familiale, amicale, amoureuse et professionnelle. L'échec avait fini par être le seul sens de sa vie ; il l'anticipait, voire le provoquait.

Son analyse fut, elle aussi, prise dans cette spirale. Bien qu'il s'appliquât à en respecter la discipline, quelque chose en lui la rendait inopérante. Il s'attachait à dire les mots justes pour exprimer sa détresse, rendre compte de sa situation avec le plus d'exactitude possible. Le plus remarquable était sa formulation recherchée, presque trop sophistiquée. Cela donnait parfois un tour abstrait à ses propos qui jetait un doute sur leur authenticité. Était-ce une formule élégante ou un dire éprouvé dans l'instant ? Cet homme mettait son existence tout entière sous la domination de la pensée. Ce qui favorisait le travail de construction de son analyse mais entretenait aussi sa résistance.

Car, à côté de ce travail laborieux, il faisait preuve d'une véritable fermeture à l'association libre. Sa pensée évoluait dans un univers clos, refusant de se laisser surprendre par l'étrangeté d'un souvenir imprévu, d'un rêve ou d'une interprétation. Il était, pour son analyse, tout autant généreux en efforts que parcimonieux dans l'improvisation.

Mais, avant tout, son échec tenait à ce qui avait présidé à sa naissance et joué le rôle de traumatisme dans sa vie : l'alliance mixte de son père juif avec sa mère catholique. Cette alliance était importante dans la formation de son masochisme et contribuait à l'entretenir. Elle était considérée par la famille paternelle comme une faute grave, même par son père qui pourtant avait décidé, en connaissance de cause, ce mariage. Le père a été le seul des quatre frères à rompre ainsi le pacte tacite dont on connaît les termes : se marier avec une juive pour avoir des enfants juifs. Mais, et cela a pesé d'autant plus pour ce fils, la réprobation familiale resta secrète, jamais exprimée. Le père s'était mis hors la loi sans jamais que sa faute lui soit énoncée. Et il n'avait pas lui-même revendiqué son bon droit. Il a préféré rejeter la faute sur la mère, coupable de ne pas être juive, et sur toute la famille maternelle qu'il stigmatisait comme étant « tous des ignorants et des incapables ». C'est dire si, pour Thomas, tout séparait ses parents. Ils ne partageaient pas la même culture, ni les mêmes origines sociales, ni la même religion. Le plus douloureux était certainement le mépris pour sa mère que son père affichait.

Thomas s'est imprégné de ce rejet pour en déduire le sens de son existence. Il s'est fait le produit de cette « alliance illégitime », le rebut de la communauté familiale et de toute autre communauté. Partant de ce désaveu originel, il s'est évertué à récupérer de l'être en réitérant l'échec. « Ma naissance a été un ciment dans le couple de mes parents. J'ai scellé l'inconciliable. » « Ciment » est le nom qu'on peut donner à la solution pathologique trouvée ici, au même titre que « secret » pour Michel.

Et, pour consolider cette position, il a établi un lien indéfectible avec son père. Pour être son fils, il a été le « fils sous influence » de son père. Il a ainsi défini la propre formule de son handicap, au sens de « l'ingérence » de Martine. « Être sous influence » a été un obstacle constant à ses progrès en analyse. Lui-même a eu une réplique heureuse : « Je suis une patouille, un second rôle dans un mauvais film. »

Thomas rêvait d'être un artiste. Et ce rêve était construit sur un souvenir d'enfance qui représentait la période de sa vie la plus heureuse, et qui a beaucoup pesé. Une période où il a occupé le devant de la scène, où il a joué le rôle principal. Alors qu'il avait entre 8 et 12 ans, ses parents organisaient très régulièrement des réunions avec leurs amis pour qu'ils jugent de ses talents de pianiste effectivement précoces. Dans ces moments-là, il se sentait être un génie. Son narcissisme et l'intuition de sa puissance se sont fondés sur ces regards qui unissaient son père et sa mère dans l'admiration de leur enfant. Cette admiration, dans un tel contexte de mépris pour la mère et de faute paternelle, s'est transformée pour lui en une nécessité. Il lui fallait satisfaire un idéal pour pallier ce dont les deux personnages principaux de sa vie étaient privés. Il devait devenir une exception. D'où ses rêves d'artiste. Il entretenait sa nostalgie, aspirait à retrouver cette période bénie, mais faisait tout pour qu'elle demeure chimérique. Il a traduit cela dans l'excès : être une exception, quitte à rester seul. Il était celui qui devait, par sa réussite, par un destin exceptionnel, laver la faute du père et défendre la figure de la mère. Ce double impératif faisait de lui un enfant symptôme de ses parents. Thomas a réglé cela en mettant en jeu dans ses relations avec les autres sa valeur de « ciment ». Il n'était jamais assuré d'y parvenir. La « patouille » en lui risquait toujours de prendre le dessus. La « patouille » est à associer au « ciment », parce que ce sont deux identifications dans lesquelles son mal-être cherchait à se dissoudre, à se résoudre.

L'abîme du père

S'il a ainsi réservé à son père l'exclusivité de ses attentions et de ses entreprises, c'est que celui-ci ne pouvait pas assurer une position de garantie pour son fils. Cela a entretenu chez Thomas le besoin de soutenir sa croyance dans un père, associé à la faillite et à l'infidélité qui ont marqué la vie de celui-ci. La première faillite correspondait à son émigration qui l'avait obligé à laisser derrière lui un amour, sa famille et son pays natal. La guerre le chassa alors qu'il était sur le point de se marier. À son arrivée en France, sa femme fut la « première venue », à qui il proposa le mariage. Ce mariage avec la mère de Thomas eut donc l'apparence d'un pis-aller. D'où ce sentiment de « mascarade » qui était renforcé par l'illégitimité du couple pour la religion juive. Sa mère jouait, elle aussi, le second rôle. Elle n'était pas la femme que son père voulait, pas non plus celle qu'il lui fallait. Et puis, le père dut quitter une seconde fois la région qu'il habitait et liquider son entreprise, à cause d'une histoire trouble de trahison, celle d'un associé qui l'accusait de recel et d'adultère. Ce fut sa seconde faillite. En fait, cet homme était sans cesse au bord de la chute, dans ses affaires, dans son couple, même dans sa relation torturée avec son fils. Jusqu'à ce que cette « faillite » se révèle d'ordre psychique. Cette fragilité entretenait chez Thomas le sentiment que le dispositif paternel, professionnel et familial, reposait sur un « abîme » susceptible de s'ouvrir à tout moment.

Une patouille et un ciment

L'exclusivité de la relation paternelle a beaucoup pesé dans l'orientation de sa vie amoureuse. Thomas a choisi l'homosexualité. C'était un choix irréversible et exclusif qui s'inscrivait dans le droit fil de son assujettissement à son père. Il découvrit ainsi combien l'homosexualité entretenait son masochisme. Alors qu'il déclarait n'y assouvir qu'un « besoin hygiénique », il dut admettre que cette position s'était dangereusement radicalisée. Ses rapports avaient progressivement éliminé toute forme d'échange sentimental. Il avait réduit de plus en plus ses rencontres à des rencontres passagères dans des bars homosexuels. Un « conditionnement » par la voix et le regard et une mise en scène devinrent nécessaires pour stimuler son désir sexuel. Il s'attacha à ne « s'offrir » à ses partenaires qu'un seul soir, se limitant à un rôle passif. Cet aspect machinal du rapport le garantissait contre tout attachement. Plus il avait recours à cette pratique sexuelle, plus il en accentuait le caractère pervers, la limitant à une performance physique. Il s'empressait de mépriser les hommes qui se prêtaient à ce jeu « dégradant », « artificiel », « sans aucun sens ». L'homosexualité était un domaine où il donnait libre cours à sa prédilection pour le second rôle, celui de la « patouille ».

Par contre, c'était plutôt l'autre position, celle du « ciment », qu'il entretenait dans ses relations amoureuses – non plus seulement sexuelles. Avant d'être réelles, elles nourrissaient ses rêves. Ses compagnons potentiels étaient tous en couple, un couple homosexuel qui avait les traits du couple parental, mal assorti à cause des différences de culture et de religion. Celui sur qui il jetait son dévolu était un semblable (même attrait artistique, même problème de mésalliance parentale). Et sa passion, qu'il nommait lui-même « passion masochiste », se déclenchait sur une remarque ironique ou dédaigneuse de ce semblable pour le concubin. Cela signalait une brèche dans laquelle il s'engouffrait pour entretenir et ruminer un espoir amoureux. L'issue était fatale : il brisait le couple, ou bien restait seul. Il en brisait le « ciment » et dévoilait ainsi sa mascarade. Être un ciment signifiait clairement être « l'échec incarné » de ses parents. C'était ses propres mots. Effectivement. N'étant pas d'un milieu social qui avait la moindre indulgence pour la marginalité et la déviance, ce choix amoureux, comme pour ses parents, était illégitime et devait rester caché. Le père avait dissimulé le catholicisme de la mère, il cachait son homosexualité. Ainsi, Thomas est resté longtemps célibataire et solitaire. Il demeurait fidèle à son père par sa stratégie amoureuse dont la formule pourrait être la suivante : de la mésalliance à l'amour impossible.

« Pas bouger ! »

Thomas se sentait donc assigné à résidence, se soumettant à un impératif exigeant et ravageant [16]. Cet impératif envahissait son univers fantasmatique, et le torturait. « Ne bouge pas » est certainement la formulation la plus fidèle qui résonne avec « l'influence » à laquelle il se soumet. En voici un exemple parmi tant d'autres ! Un jour, Thomas fit part à l'analyste de son intention d'accepter l'offre de son père : l'employer dans son magasin et faire de lui son associé ! Cette décision venait à un moment crucial de la cure où il commençait à se libérer de l'emprise paternelle. Comme dans un sursaut, il s'offrait pieds et poings liés. Sursaut est le mot, car le père faisait appel à lui dans un moment limite où l'entreprise connaissait des difficultés financières et judiciaires. Encore la faillite. Encore le ciment. Le recours au fils se présentait une fois de plus comme un sauvetage. Après tout, c'était le sens que Thomas donnait à son destin et qui causait le poids de sa névrose. Pourtant, ce fut à l'occasion de cette faillite annoncée du père que le fils prit acte, aidé par l'analyste, de l'impuissance paternelle masquée par une mégalomanie séduisante.

Il fallait que l'analyste y mette plus que son grain de sel pour ébranler la position masochiste de son patient. Alors que celui-ci se plaignait une fois de plus de la condition de « doublure » que lui réservait son père, l'analyste lui lança : « Vous pouvez partir. » Ces mots firent l'effet d'une interprétation. L'ambiguïté qu'ils contenaient – partir d'où ? – révélait la confusion et la réciprocité entretenues entre le père et l'analyste, l'échec maintenu à dessein dans les deux cas. Thomas tenait en respect l'analyste, comme son père le tenait en respect. De même, il imposait à l'analyste de ne pas bouger comme son père le lui imposait.

Lui qui était si sensible au commandement savait que ces mots « vous pouvez partir » n'étaient pas un ordre, l'ordre de quitter son père ou d'arrêter son analyse. L'analyste ne le mettait pas devant un ultimatum : « L'analyse ou votre père », « Lui ou moi ! ». Il savait aussi qu'en lui disant cela, elle introduisait une limite au *modus vivendi* dont était faite la relation analytique jusqu'alors. Elle avait toujours fait en sorte d'éviter de se trouver dans le même rôle impératif que son père. Il fallait maintenant qu'il passe à autre chose. Ainsi, malgré la vigueur de ces mots : « Vous pouvez partir », Thomas choisit d'entendre leur ambiguïté. « Cesser l'analyse ne m'est jamais venu à l'esprit. » « Je ne peux pas partir ! », s'exclama-t-il, prenant acte de son impuissance, de son aliénation foncière. L'analyste arrêta là la séance, incertaine de le revoir.

Mais le tournant était bel et bien opéré. Le jeune homme revint et fut désormais sur ses gardes. L'analyste semblait être enfin devenue une autre pour lui. Puisqu'il « pouvait partir », il restait interloqué par la réalité de leur rendez-vous. Il était mis au pied du mur de la satisfaction de son masochisme. On le poussait à s'en défaire.

Cela impliquait de renoncer à être ce ciment par quoi il cherchait à donner une consistance à ses relations familiales, amoureuses et professionnelles. Étant désormais prêt à changer, il accusa réception, quand l'analyste lui annonça que « de son côté, elle, elle inscrivait noir sur blanc ce qu'il lui disait ». Elle affirmait ainsi qu'il existait une écriture de son histoire, qu'une trace de lui se déposait régulièrement et inéluctablement. Cette trace, l'analyste la lui imposait et l'opposait au gouffre sans fond dans lequel sa relation abyssale au père le mettait. Cette écriture a joué le rôle d'un savoir incontournable parce que inscrit, et d'un savoir incontrôlable parce qu'il n'en était pas le détenteur. Il s'agissait d'un savoir, non pas sur lui, mais de lui, un savoir dont il était l'auteur, mais pas le scribe, lui qui était tant suspendu et tourmenté par l'ineffable de son existence.

Une autre comédie

L'inconcevable de l'inscription à quoi l'analyste le contraignait fit surgir une manie jamais entrevue auparavant. Alors qu'il reprenait son refrain sur sa solitude, son incapacité à retenir un partenaire, son célibat forcé, etc., l'analyste l'interrompit et s'exclama : « Mais, comment cela ? Vous ? Seul ? Mais vous ne l'êtes jamais, seul. Il est toujours là ! » Il l'admit, surpris : il ne pouvait pas s'empêcher de parler de son père à tous les hommes qu'il rencontrait. Il « interposait » son père entre lui et eux. « Il est toujours là ; dans mes amours, je cherche le sublime de la relation inextricable avec mon père, et ainsi la fin – impossible avec mon père – est présente dès le début. » Sa vie amoureuse se heurtait à un impossible, et cela tenait à lui. Le ciment. Encore le ciment. Toujours le ciment, confirmera-t-il.

Après cela, les choses se précipitèrent vers une fin possible de l'analyse. Précipitation est le mot. Une série de décisions trancha avec l'enlisement qui avait accompagné cette cure. Le travail d'analyse avait fini par démontrer à cet homme le fondement de son mal-être. Ce père était à la source de sa vie pulsionnelle. La psychanalyse a établi la teneur anormale de ce lien, sa valeur existentielle et irréductible. Il n'y avait pas à souhaiter défaire ce rapport sous prétexte de non-conformité, d'excès et de déséquilibre, car ce rapport était ce qui tenait ce sujet, il lui donnait sa structure. La disharmonie foncière et intérieure de cet homme se révélait indispensable à son existence, mais il fallait que la douleur en soit extraite. Il y avait à en éliminer les attaches aliénantes et sacrificielles qui l'anéantissaient et à en dégager ce qui, au contraire, l'animait. C'est ce qui s'est accompli.

Il en attesta à l'aide de deux rêves qui signaient sa décision intérieure. « Je suis avec mes parents à la croisée de deux routes. Le chemin que nous choisissons débouche sur un entrepôt tout déglingué, avec des poutres rouillées qui le traversent. Je sais que nous allons à la catastrophe et je me mets à courir, avant qu'il ne s'effondre. Je me retrouve dans un lieu inconnu, glauque, au milieu des débris. Je sais que le local de mon père est tout proche, mais j'entends des voix d'hommes de l'autre côté. Je vais me lever pour frapper à leur porte. Je me réveille. » Ce rêve parlait de lui-même. Thomas savait désormais qu'il avait scellé son destin à son père, non pas pour être secouru mais pour sombrer avec lui. Les hommes apparaissaient dans ce rêve comme une alternative à sa banqueroute. Cela a été confirmé par un autre rêve où il était séparé de son père par une fenêtre à travers laquelle il le voyait avec une autre femme que sa mère. Il se retournait, conscient de son indiscrétion involontaire. Et un homme était là nu devant lui. Le rêve suggérait comment un fils peut se tourner vers l'homosexualité, pour enfin échapper au monde falsifié et infidèle de son père. Il consentait à son homosexualité, sans ignorer sur quel refus du sexe féminin elle reposait. Alors que l'analyste insistait, le sentant réticent à en dire davantage, il précisa qu'il hurlait dans le deuxième rêve : « Je ne pourrai jamais pénétrer dans ce sexe. » L'homosexualité apparaissait définitivement comme une échappée face au « continent noir » de la femme.

Il fit de son père un autre apprivoisé, qui avait perdu de sa force d'intimidation, un autre auquel il ne sacrifia plus son existence pour l'empêcher de sombrer. Il mit cela en acte en le quittant, en déménageant et en démissionnant de l'entreprise paternelle. Il fit plus encore, en s'engageant dans une équipe de tournage qui réalisait un court métrage dans lequel il était comédien.

Ce qu'il dit alors dans la séance fait état d'un retournement que seule une analyse peut produire : « Le risque, c'est que je sois à nouveau un élément dans le petit théâtre de quelqu'un d'autre comme avec mon père. » Autant, donc, choisir de faire de la comédie un « objectif professionnel », donner la réplique plutôt que d'être la réplique de son père. Thomas a réalisé là une transformation de son rapport à son malaise et même retourné un handicap en source créatrice. Il est passé de l'action destructrice du malaise à un usage constructif de celui-ci, ce qu'il commenta non sans humour : « Maintenant je la fais en vrai la comédie ! » Cela m'évoque cette femme si perdue et craintive au début de son analyse et qui, à la fin, me dit : « Je suis passée du vouloir faire au faire. » Thomas réalisait plus qu'un rêve, il a réalisé une transformation intérieure sans être lui-même vraiment changé. Cette mutation s'est accompagnée d'une évolution capitale de sa vie amoureuse dans laquelle il n'a plus cherché « à être un fils qui se fait adopter par un père ». Et il a fini par rencontrer un homme qui, lui aussi, joue la comédie, mais sur des planches.

Cela, il a pu l'accomplir grâce à la position différente qu'il a occupée dans sa relation avec l'analyste. Comme il me le dit après avoir admis son partenariat avec son père : « Ici, c'est le seul lieu où je ne me pose pas la question de réussir ou d'échouer. Ici, j'ai le droit de faire quelque chose à perte. » Cette conjoncture inédite, seule une cure analytique pouvait la lui offrir. Là, il pouvait admettre de perdre, sans se croire perdu.

Camille ou la métamorphose d'une femme

DU DEVOIR À L'ENVIE

De toutes celles relatées ici, cette histoire analytique est la plus aboutie. Camille est entrée en analyse rivée à sa blessure et en est sortie avec « l'en-vie ». L'analyse dura vingt ans et se fit en deux fois. Camille avait 19 ans quand elle décida de rencontrer sa première analyste. Elle se sentait à la dérive et ne voyait pas quel sens donner à sa vie. Elle était enceinte et avait peur de ce qu'elle allait communiquer à ses enfants. Angoisse et dépression se combinaient avec une « rage de s'en sortir ». La première analyse fut incontestablement thérapeutique et lui apporta une paix relative. Mais ce résultat s'avéra plus relever de la prothèse que reposer sur une construction solide. Je fus sa seconde analyste. Elle a poursuivi l'aventure jusqu'à son terme.

Naissance d'un désastre

L'histoire de la naissance de Camille fut son traumatisme. Sa mère, qui l'avait conçue à la suite d'un unique rapport sexuel avec un homme, disait de sa venue au monde qu'elle était un « désastre ». Elle chercha à avorter. En vain. L'époque n'était pas généreuse pour ces femmes qui refusaient ce que la nature leur imposait et faisait fi de leur désir et de leurs ressources matérielles, morales et subjectives. Elle dut garder l'enfant dans un contexte de solitude et de désarroi intenses. Elle avait à peine 20 ans et aimait s'amuser. Elle accoucha de cette enfant dans les mêmes conditions que sa grossesse : égarée et seule. D'autant que mourut, dans le même moment, une tante qui était pour elle comme une mère. La mort entourait cette naissance. La mère crut elle-même ne pas pouvoir survivre et vit à maintes reprises son nourrisson au bord de l'étouffement. Cela fut rapporté et répété à l'enfant dès que l'occasion se présentait.

Pour Camille, il n'y avait pas autre chose à entendre qu'un vœu de mort dans ces angoisses dont sa mère lui fit souvent la confidence. Du reste, c'est de sa mère que venait cette formule que « sa naissance était un désastre ». Elle souriait, en ajoutant que sa mère, devenue grand-mère, aimait faire dire ce mot à sa petite fille. « Désastre ! », disait l'enfant en levant les bras au ciel, alors qu'elle avait à peine 2 ans. Et la grand-mère reprenait en un écho joyeux : « Désastre ! »

Sans un regard

« En fait, il n'y eut personne pour se pencher sur mon berceau. Ni ma mère qui se voulait malade, ni mon père si étranger à ma naissance, ni ma grand-tante qui venait de mourir. » Personne pour la regarder. Son destin douloureux s'est scellé dans cette absence dont elle a fait un manque essentiel : le manque du regard de tous ces autres. De sa naissance à son adolescence, Camille n'a pratiquement pas de souvenir avec sa mère. Celle-ci la confia à des nourrices et des internats. Elle était certaine qu'ils lui assureraient, mieux qu'elle ne pouvait le faire, une bonne éducation avec des manières et de l'instruction. Le temps de l'enfance fut ainsi pris dans un « trou noir », un oubli profond sans doute à l'origine d'un manque de mémoire fondamental, irréversible. Il a fallu à cette jeune femme reconstruire dans son analyse sa petite enfance par déductions, tant l'oubli était total et l'absence de photographies révélatrice. Elle considérait avoir « rencontré » vraiment sa mère à l'âge de 7 ans, quand son beau-père « fit les présentations » et lui demanda de ne plus l'appeler par son prénom. « Depuis ce jour, je l'ai appelée maman, ce que je n'avais jamais fait avant. » Cet homme joua ainsi un rôle d'apaisement dans la relation de l'enfant avec sa mère, tout en restant discret quoique présent mais incertain, peut-être empêché.

Une légende intime

Un fantasme était soudé au traumatisme : elle était l'enfant abandonnée ou l'enfant morte. Camille avait fait de ce fantasme une légende intime, dont elle était proche et étrangère à la fois. Cette construction imaginaire exerçait sur elle une forte influence tout en agissant à son insu. La représentation d'elle-même en enfant abandonnée donnait une signification à son destin de fille non désirée. Elle comblait ce qui s'inscrivait comme un blanc dans son histoire, et ce qui faisait énigme quand les autres devenaient pour elle une menace et réveillaient son inquiétude. Combien de rêves est-elle venue me rapporter, encore émue, souvent défaite, où un enfant était en danger et livré à lui-même, au bord d'une falaise, seul dans une rue sombre et déserte, pénétrant dans une maison vide où rôdait une ombre, etc. ? Ces rêves indiquaient la teneur véritable de ce fantasme : « On tue un enfant. »

L'analyse fut remplie de ses plaintes qui semblaient la mettre dans un état critique ; elle y faisait entendre l'emprise de ce fantasme. Il en était ainsi quand personne ne lui téléphonait dans le week-end, quand on n'avait pas pensé à elle pour accomplir un travail, ou que ses collègues étaient allés déjeuner sans elle, ou bien encore si une amie ne l'avait pas invitée à son anniversaire, ou que personne ne lui avait proposé de la raccompagner le soir après un dîner. Tous ces détails étaient le signe de son insignifiance et de son délaissement. Mais malgré la virulence de cette détresse, l'analyste n'avait pas à s'y laisser prendre, car il ne faisait pas de doute que Camille prenait une part active dans la tragédie qui la touchait. Bien des passages à l'acte, des choix existentiels, des stratégies relationnelles l'ont démontré. Sa détresse, elle la sollicitait et la provoquait. Constamment dans les relations avec sa mère, et bien souvent avec ses partenaires amoureux, ses trois enfants et ses collègues. C'est ainsi que toute séparation devenait pour elle équivalente à un abandon. Pas uniquement quand l'autre s'éloignait. Mais aussi, quand elle-même devait quitter la maison où se trouvait son enfant ou prendre congé de ses amis à la fin d'une soirée.

Camille se débattait ainsi avec l'angoisse d'être abandonnée, une angoisse profonde, consciente et inconsciente, qui nourrissait un sentiment dépressif constant, et, aussi, avec une compulsion à entretenir ce sentiment d'abandon. C'est justement parce qu'elle succombait à son fantasme, qu'elle eut peu de relations amoureuses. Une rencontre avec un homme ne pouvait jamais rester fortuite, éphémère. C'était chaque fois pour la vie. C'est aussi la certitude de son fantasme qui, à l'inverse, lui faisait prendre les devants d'une rupture, convaincue que celle-ci était imminente. Une relation amoureuse devait être « fatidique », comme elle le disait, de façon ambiguë.

« Désastre » : ce mot terrible agissait comme une définition. Et elle se l'était approprié comme sa formule intime. Pour elle, « désastre » donnait la solution névrotique à son problème, il hantait son existence. Elle y était suspendue. Cela l'entravait tout en donnant un sens à toutes ses relations, à toutes les mauvaises surprises de la vie. Luttant contre l'abandon, elle n'envisageait et ne s'engageait dans une relation avec un homme que pour rendre cet amour éternel.

Elle eut ainsi « cinq vies », comme elle le dit elle-même, faisant coïncider chacune avec un homme. Cinq hommes ont marqué sa vie amoureuse, se succédant presque sans discontinuité, exception faite de la dernière rencontre qui eut un autre statut. Le vide de la séparation la confronta, à chaque rupture, à son fantasme. Elle tombait alors dans un précipice qui était l'écho de l'abîme de sa naissance et cherchait à retrouver son souffle dans une nouvelle passion. Elle ne trouvait de tranquillité que si elle s'était assurée de l'amour de son nouveau partenaire. Aimer comptait moins pour elle qu'être aimée. Les hommes étaient là pour pallier son manque fondamental, manque qu'elle associait à l'absence de l'amour parental et qui, plus fondamentalement, relevait de sa condition de femme. Ce ne fut qu'à l'occasion de sa dernière rencontre amoureuse qu'elle saisit combien elle avait associé son manque féminin au manque d'amour rencontré dans son histoire.

Les hommes devaient tout lui donner : une mère, un père, un enfant, un nom, une famille, une culture, une position sociale, etc. Inconsciente de cette stratégie, elle s'engouffrait dans chaque nouveau lien, offrant tout d'elle-même, jusqu'à risquer de perdre ses aspirations essentielles et sa personne. D'où ce sentiment pénible de faire « fausse route ». Elle évoquait souvent un souvenir, emblématique. Alors que son compagnon la laissait à l'embarquement prendre seule son avion, elle fut saisie de panique à l'idée qu'il l'avait peut-être quittée. À peine l'avion avait-il décollé que la sensation d'un froid glacial l'envahit. Elle était transie. Une, deux couvertures que l'hôtesse lui apporta n'y firent rien. Elle aperçut alors une veste d'homme accrochée sur le dos d'un siège. « Ce fut comme si cette veste m'appelait. » Elle, habituellement réservée et discrète, se leva et demanda au propriétaire de la veste de la lui prêter. Ce qu'il fit. Elle l'enfila. Et c'est seulement alors qu'elle ressentit de nouveau « son sang circuler dans les veines ». La couverture masculine, l'enveloppement, était là pour lui donner vie. Elle associa cela au rôle majeur que le regard des hommes remplissait dans sa vie. Il la comblait dans des proportions identiques à la souffrance qu'avait provoquée le manque du regard maternel. L'un suppléait à l'autre. L'un occupait le vide de l'autre.

On sait, depuis Freud, que les femmes peuvent loger à la même enseigne l'homme et l'enfant dans l'inconscient.

Camille usait de cette équivalence à l'extrême. Les trois enfants qu'elle avait étaient des compagnons de son fantasme. L'angoisse et l'amour y étaient au rendez-vous, mais, cette fois les rôles étaient inversés. Ce n'était plus elle qui était dans l'alternative d'être sous le regard amoureux ou bien de disparaître, mais ses trois enfants qui prenaient sa place. Cela provoquait chez elle une division quasiment constante : il lui fallait veiller sur eux, sinon ils étaient perdus.

Ce n'était pas l'enfant qui souffrait de l'absence de la mère, mais la mère qui souffrait de sa propre absence de mère.

C'est dire que l'enfant jouait plus encore que les hommes le rôle de partenaire de son fantasme. Du reste, son premier analyste le lui avait signifié, en lui demandant le règlement de la totalité des séances manquées, à la fin de sa première grossesse, quand elle revint après un mois d'absence. C'était insister sur l'enjeu de la mise au monde de ce premier enfant. L'analyste lui interprétait que la naissance était pour elle tellement associée à la disparition, qu'elle avait disparu de son analyse le temps de mettre son enfant au monde. Il fallait établir ce lien entre naissance et absence pour qu'elle s'en dégage.

Une carapace pour armature

Quand on rencontrait cette femme, on rencontrait une sorte de perfection et de froideur qu'elle voulait décourageantes. Elle avait compris qu'elle pouvait « plaire »... en se rapprochant d'une figure cadavérique, ce qui la déconcerta ! Elle en avait fait son idéal. Un idéal qui était en fait, curieusement, une nécessité. La séduction, la perfection et la réussite étaient une nécessité incontournable qui lui procurait une armature pour faire face à la vie. Camille a fini par désigner cette armature comme étant « son symptôme de carapace ». Elle disait qu'il était comme une « colonne vertébrale ». Si le concept de symptôme est ici justifié, c'est qu'il indique l'enjeu vital d'une telle disposition ; il permet de tenir debout pour soutenir sa propre existence. S'étant assigné le rôle de « désastre », cette femme avait dû se forger une « armure » pour vivre.

Elle y trouvait évidemment une manière d'être bien mais qui, sous prétexte de satisfaire un idéal, n'était pas loin de la mettre au supplice. Cette patiente dévoilait combien ce qui est enviable pour le social, comme cet idéal de perfection, peut nuire à une personne. Elle en avait fait sa religion, et en a adopté les valeurs comme autant d'impératifs implacables. Elle put ainsi décliner tout au long de cette élaboration les différentes représentations que son effort de perfection avait accomplies dans sa vie : être sérieuse, responsable, être une épouse, une amie, une amante, être une bonne mère, disponible, aimante, juste un rien « sévère », être une intellectuelle, une professionnelle avertie, mais aussi être une sportive, être belle. Être une merveille en lieu et place où le destin avait fait d'elle un désastre. Faire en sorte que l'éclat de la merveille rende l'Autre aveugle. Être tout. Cette femme était un modèle du symptôme moderne qui habite tant de femmes occidentales si bien nommées *executive women*. Cet hyperactivisme satisfait ce qu'il faut bien appeler un désir de puissance, un phallicisme féminin que l'époque confond avec l'harmonie des sexes. Camille aussi confondait. Son phallicisme exploitait toutes les occasions que la vie moderne et la libération de la femme offraient. Avant tout, il lui servait à satisfaire le désir insatiable de sa mère.

Sa « réussite » était ainsi tout entière inspirée de ce désir maternel que sa perfection devait combler. Elle s'était fabriqué un personnage en conséquence. Il orientait son existence, la poussant à faire des choix cruciaux, amoureux, professionnels, maternels, dans le seul but de donner à sa mère ce que sa naissance lui avait empêché d'avoir. Elle se maria très jeune et en blanc, et choisit pour premier mari un garçon de « bonne famille ». Elle offrait ainsi à sa mère la cérémonie du mariage qui n'avait jamais eu lieu avec son père. De même, plus tard, elle eut trois enfants, un avec cet homme, deux autres avec son second mari. Ses enfants devaient faire oublier à sa mère l'enfant qu'elle n'avait pas voulue. Enfin, elle multiplia les diplômes et les formations pour jouir d'un métier reconnu. Elle était professeur de lettres.

Le malaise, que ce symptôme de carapace provoquait, tenait au prix exorbitant qu'il lui coûtait ; lui imposant de grandes exigences, il lui imposait de grands sacrifices. On imagine les efforts et la discipline que devaient représenter ce souci de perfection et la nécessité de maintenir la carapace hermétique et sans faille. Camille se battait en permanence contre un impératif vorace qui ne cessait pas de la rappeler à l'ordre de sa faute. D'où son sens accru du devoir, sa rigueur qui frôlait la rigidité, un respect religieux pour la parole donnée et une distance qui lui donnait de la froideur. Cela laisse deviner combien cette armature représentait aussi bien un handicap.

En faute, Camille l'était inexorablement par la contingence de sa naissance et l'absence de son père dont elle demeurait la preuve vivante. Au-delà, sa réalité était un fardeau à cause de sa dysharmonie foncière avec l'existence qu'elle menait. Elle dira, plus tard dans son analyse : « Je ne vivais pas ma propre vie. Je vivais celle d'une autre. J'étais étrangère à moi-même. »

Et un tuteur de plus

Depuis le jour où, étant enceinte et craignant pour « l'intégrité de son enfant », elle avait décidé de commencer une analyse, il s'était passé une quinzaine d'années. Elle avait choisi son analyste à cause d'une lecture sur l'histoire d'un enfant mort. D'entrée de jeu, elle jouait cartes sur table : l'enfant à naître venait s'associer à l'enfant mort. Le ver était dans le fruit. Il fallait le découvrir.

Le début de son analyse avait tracé nettement la voie à suivre : étant aux prises avec cette angoisse de l'enfant mort, elle avait signalé dans un rêve où elle situait son recours. « Je suis dans un marais. L'atmosphère est humide, gluante, vaporeuse. Je m'enfonce au fur et à mesure que j'avance. Heureusement, j'aperçois mon mari qui émerge au loin. Je me dirige vers lui, comme une naufragée vers un phare. Je me réveille. » L'homme était une bouée de sauvetage, une source de vie susceptible de la faire émerger du marasme dans lequel elle était plongée. Camille confondait le bonheur qu'un homme pouvait lui apporter avec le rôle de père qu'elle lui faisait assumer, dans son fantasme, mais aussi dans la réalité. Mes « tuteurs », c'est ainsi qu'elle désignait les hommes non sans humour.

Elle avait trouvé un équilibre, une sorte de paix, s'était remariée et avait ses trois enfants. De plus, elle avait pris une place dans le groupe analytique qu'elle fréquentait. Il y avait, sans aucun doute, eu un effet thérapeutique. Elle avait, en somme, atteint la position que sa carapace lui imposait, mais d'une manière contrainte et artificielle : bonne épouse, bonne mère, impeccable. Le pouvoir de la parole avait endormi sa souffrance et fait taire sa dissonance. Tout tournait rond. Un peu trop.

Cette stabilité tenait en particulier au fait qu'elle avait trouvé chez son second mari un partenaire indispensable à ses désirs et à ses souffrances [17]. Leur entente amoureuse reposait pour une grande part sur des dissonances qui composaient une harmonie. Et on pourrait y voir là la définition de ce qui cimente bien des amours. L'un et l'autre cherchaient un accord sur tous les plans : conjugal, amoureux, sexuel, intellectuel, parental. Un couple, en somme, issu de mai 1968, prévenu de la difficulté du rapport entre les hommes et les femmes et, donc, s'attelant à respecter toutes les valeurs d'affection sincère, de respect et d'autonomie qui les liaient profondément. Son mari se fit Pygmalion pour elle, l'initiant à la conjugalité, mais aussi au *rock and roll*, à la bande dessinée et à la peinture moderne. Car elle ne connaissait que la littérature et la musique classiques, parce qu'elles étaient « fondamentales », trouvant là encore de quoi pallier le défaut de ses racines et de son éducation. Elle se fit pour lui un soutien intellectuel et affectueux. Ils se voulaient sans faille. Tout cela, non sans un certain humour sur leurs propres illusions. Le désir de cet homme l'aliéna. Personne n'avait jamais parié ainsi sur elle. Exister pour lui de cette façon si indispensable lui apporta, au-delà de la satisfaction et des bénéfices qu'elle en retirait, la légitimité qui lui manquait. Cela l'engagea plus encore dans son obsession de la construction. Elle eut avec lui deux enfants. Lui aussi trouvait en elle un réconfort, au-delà des charmes de sa perfection, de son dynamisme et, certainement, de sa blessure ; elle le consolait d'une douleur originelle qui, de même, impliquait la mort. Elle voulait la lui faire oublier et devait certainement aussi la lui rappeler. Elle soupçonna dans sa seconde analyse que, sans le savoir, par amour, elle s'était arrangée pour occuper la place de la « mort », pour « donner vie » à l'image lisse d'un être éternel et sans faille. Sa construction amoureuse ne relevait pas seulement de l'idéal et de la maîtrise ; elle avait aussi une dimension morbide, agissant de façon souterraine durant quinze ans.

Ainsi, tout tournait rond. Elle voulait arrêter son analyse, satisfaite. L'analyste n'insista pas : « Très bien », lui dit-elle simplement. Camille en fut surprise. Elle connaissait l'habitude que les lacaniens avaient de ne jamais laisser partir leurs patients du premier coup. Il fallait y réfléchir, en parler, attendre un peu…

Le « parti »

Elle partit donc, mais pas aussi sûre d'elle qu'elle l'aurait cru. Elle partait avec, dans son bagage, une brèche. Elle comprit, quelques mois plus tard, ce pour quoi elle était partie. Elle était partie retrouver celui qui pourrait se définir comme étant « le parti », son père. Elle découvrit combien le rejet dont il était synonyme pour sa mère s'était muté, à son insu, en un amour du père. Parti avant même de savoir qu'elle allait naître. Parti, parce qu'il vivait à New York – s'étant marié avec une Américaine. Cependant, en le retrouvant là-bas, elle aperçut très vite comment cet amour se fondait sur une identification profonde. En défendant la supériorité de la culture, de la conscience politique, de la tolérance morale, elle s'était inscrite du côté du père contre la mère, puisqu'il appartenait à un groupe d'intellectuels influents, élitistes et marginaux. Par un de ces effets paradoxaux dont l'inconscient a le secret, sa mère, en vouant à ce père une haine par trop passionnée, ambivalente, ô combien ! avait indiqué à la fille la voie de l'idéal, le modèle à suivre.

On sait la force que la cause du père peut donner aux filles. Il fallut encore beaucoup de temps pour que cette femme admette la part d'illusion de cette rencontre. Ce consentement se fit grâce à un rêve dans sa seconde analyse, où son père s'enfuyait de chez elle, et où elle hurlait par la fenêtre : « Au voleur ! » Il apparaissait tel qu'elle le désigna au cours de la séance : comme un « voleur de vie ». Car son père n'était pas seulement un contestataire, il était aussi un jouisseur. Et les filles exècrent ce côté-là du père. Ce qui était d'autant plus vrai pour elle, qui était le résultat, la preuve, de cette jouissance inadmissible.

À la suite de leurs retrouvailles, le père fit une procédure de reconnaissance en paternité. Comme elle le dit elle-même, elle n'aurait jamais porté son nom, car « c'était déjà trop tard ». Il demeurera toujours un peu pour elle ce voleur qui ne manquait pas d'attrait, avec qui elle finit par partager une relation qui n'était pas filiale, mais, disons, de connivence. Un dernier rêve de fin d'analyse le fera de nouveau apparaître en voleur, mais, cette fois, elle le laissera « filer à l'anglaise », sans rien lui dire.

Fissure dans l'échafaudage

Cette première rencontre avec son père représenta pour elle un cataclysme. Elle n'était plus la même à son retour, car elle aperçut le caractère artificiel que son existence avait fini par prendre. Celle-ci lui apparut comme un échafaudage conformiste et, en tout cas, fragile. Sa carapace se fissurait. Elle en développa un psoriasis sur tout le corps qui révélait cette seconde peau, et qui réclama des soins constants durant plusieurs mois. Au cours de cette déconstruction, elle fit un cauchemar qui interprétait définitivement son fantasme : « Je porte un enfant dans les bras. Nous sommes dans un camp de la mort. Je sais que nous allons tous les deux mourir. Il le sait aussi. Nous nous regardons en silence. » De nouveau, l'enfant mort. De nouveau, elle allait au désastre dans une communion des regards. Était-elle à ce point esclave de ce destin funeste qu'elle ne pourrait jamais s'en détacher et refuserait toute sa vie d'exister ? Avec ce rêve se fit jour un malaise, un vertige dont elle perçut tout de suite la tragédie mais aussi l'ironie : l'enfant mort avait comblé et masqué le vide de son être. Elle connut alors une période de forte angoisse qui, un jour, vira à la panique. Elle se trouvait en haut d'une tour, et, prise de vertige, il lui fallut attraper la main d'un homme inconnu pour ne pas tomber.

L'homme de la tour n'était pas sans rappeler l'homme de l'avion. Dans les deux cas, la peur du néant avait provoqué un appel au père. Cela la décida à revenir en analyse.

C'est alors qu'elle vint me voir. Elle choisit une autre analyste qui, à ses yeux, faisait figure d'une « femme libre qui disait ce qu'elle avait à dire ». Au-delà de l'idéal féminin que supportait cette analyste, se profilait une nouvelle dimension : faire entendre sa voix.

Ce fut un tournant décisif. Elle était revenue pour terminer son analyse. Car l'assise que lui donnait sa carapace était nettement compromise. De fait, elle était ébranlée de façon irréversible. Il lui fallait inventer une nouvelle formule pour se débrouiller avec son malaise, une véritable recette qui s'appuie sur son désir et non plus sur un impératif.

Cela supposait qu'elle modifie les règles de son monde libidinal. Cette femme s'étant soutenue par le regard et l'image qu'elle reflétait, une mutation pour elle n'était donc pas concevable en dehors d'une transformation de son rapport au regard.

Deux rêves en deux années d'analyse suffisent à rendre compte de cette élaboration décisive de l'inconscient.

L'oiseau bleu

Le premier venait s'opposer au rêve de l'enfant des camps de la mort. « Une pauvresse se prostituait. Elle laissait son fils tout seul dans un terrain vague, tandis qu'elle entrait dans un hangar avec un homme de passage. » Ce rêve était un rêve de séparation. La mère et l'enfant n'avaient plus leurs destins mêlés. Ils étaient enfin séparés. La pauvreté de la femme, la solitude de l'enfant, l'anonymat de l'homme, la crudité de l'acte sexuel étaient autant d'éléments qui retiraient au regard son éclat. Ni brillance ni substance, le regard révélait sa pauvre consistance établie sur l'absence. Camille s'était détachée de la fascination que sa naissance avait exercée sur elle. Sa naissance se bornait au rapport anonyme et éphémère de sa mère et de son père. Que cette patiente ait pu admettre cela impliquait qu'elle se soit émancipée de son être abandonné et mortifié.

Autant ce premier rêve fut accompagné d'angoisse, autant le second fut suivi d'un sentiment de paix retrouvée. Cette pacification ne s'est pas démentie jusqu'à la fin de son analyse. « Trois serpents me fixent de leurs yeux perçants. Dans un premier temps, je suis fascinée, comme hypnotisée, incertaine. Ils m'effraient. Je les surveille. Ils disparaissent et, au même endroit, apparaît un oiseau bleu. Il s'approche de moi, doucement. Il semble flotter. Dans la scène suivante, je me suis retournée vers mon fils. Il est tranquille et regarde l'oiseau qui déploie ses ailes à son intention. Il est ravi. Je me réveille. » Ce rêve était plus qu'un rêve de séparation, il était un rêve qui consacrait une perte, la perte de sa carapace et de sa puissance artificielle, la perte aussi d'un certain goût pour la mort. Elle décidait de se détourner du regard maléfique des êtres qui la menaçaient – ici le serpent, spécialement inquiétant pour une femme. Elle laissait tomber tout ce fatras pathétique et faisait le choix de se tourner vers cet oiseau de la vie qui venait vers elle comme un ange annonciateur. L'enfant mort prenait vie. Elle se séparait enfin, par ce rêve, de cet enfant qui avait été le partenaire tragique de son fantasme, au point de se confondre avec lui. L'oiseau les représentait, elle et son fils, mais là, il semblait se détacher, quitter son enveloppe maladive, et s'élancer vers une autre destination. L'oiseau figurait l'être nouveau qu'elle était devenue. Du reste, il possédait une marque du corps de Camille : le bleu de ses yeux, et ce bleu sublimait la morbidité que le regard portait en lui jusqu'alors.

Ce rêve proposait donc bien à cette femme d'effectuer une conversion. Le miroir traversé de l'oiseau bleu démontrait qu'elle n'était plus une proie. Bien mieux : Camille destinait à son fils le charme érotique de cet oiseau qui déployait ses ailes pour lui. L'appât érectile, c'était à lui qu'il revenait, non plus à elle qui n'était plus dans la maîtrise. En rêvant cela, elle laissait tomber sa hantise de la séduction et de la domination, et admettait la différence radicale séparant les hommes et les femmes.

La cure n'était pas arrivée à son terme malgré tout. Au-delà du rêve, il fallait que cette femme prenne acte de sa mutation dans son existence – en particulier de sa féminité. Étant dégagée de l'inertie du fantasme, elle pouvait désormais investir sa force libidinale dans le désir.

Durant cette période de son analyse, elle vivait seule. Sa vie conjugale et familiale avait été emportée dans le chamboulement que sa rencontre avec son père avait provoqué. Elle avait quitté son mari et gardé avec elle son fils puîné. Ce fut dans ce contexte de solitude que se matérialisa dans la réalité – et non plus dans le rêve – ce travail de mutation. Si les désordres de son histoire et de sa façon d'être ne la faisaient presque plus souffrir, ils persistaient. Elle avait à trouver une solution en puisant dans l'énergie qu'ils étaient susceptibles de dégager, une fois sortis de leur marais.

Toujours aussi exigeante avec elle-même, elle se mit à l'épreuve, manifestement pour vérifier la solidité de sa nouvelle posture, et elle rencontra le cinquième homme, un homme fait pour la confronter à sa béance. « C'est un homme qui part », confia-t-elle, un peu anxieuse. C'était son trait. Elle savait qu'elle se lançait dans cette relation sans assurance. Qu'elle devrait exister sans les attaches conventionnelles : ni enfant, ni propriété, ni nom en commun.

Il fallait inventer un amour encore inconnu d'elle-même, à l'opposé de tout ce qu'elle avait recherché chez un homme, « sans garantie extérieure ». La nouveauté, c'est que cela ne lui donnait pas le sentiment de risquer le désastre et l'abandon. Elle en était sûre : cet homme pourrait partir sans qu'elle s'effondre. Et, ironie de la vie, elle dut admettre que ce trait de « l'homme qui part » était aussi celui de son père. Un nouvel amour donc, fondé sur l'amour du père.

Mais justement, elle savait qu'il « ferait l'homme et non pas le père ». Il ne jouerait pas les tuteurs. C'était un homme pour elle car il la fit femme. Cette fois, c'était lui – et non plus elle – qui avait la puissance. Et elle fit l'expérience de se sentir femme et non plus fille. Son manque s'était déplacé de celui de son enfance à celui de son essence féminine. Manquante, elle l'était toujours, mais elle en jouait, sachant trouver chez l'autre, en particulier dans le corps de l'homme, ce qu'elle n'avait pas. Elle apprit à s'abandonner, elle pour qui l'abandon était si traumatique. Elle apprit que l'abandon pouvait lui procurer la satisfaction de se perdre, sans plus être seule. Par l'entremise de cet amour, elle passa de la position douloureuse où elle souffrait d'être seule sans l'autre à celle toute nouvelle et curieuse d'être seule avec l'autre. Elle dit de lui : « Avec lui, il y a toujours un au-delà. C'est un être qui refuse de s'installer, de s'établir. » Ce nouveau rapport à la dissonance la propulsait dans un monde centré autour de son vide, fait de fragilité et d'incertitude. Elle y reconnut son habitacle.

En choisissant la psychanalyse comme destinée, Camille s'était installée dans ce rapport au vide. Elle se vouait désormais à conduire ceux qui le voulaient à ouvrir les yeux sur leur désastre primordial. Et puis, elle donnait la primeur à la parole et à la voix, là où auparavant le silence et le regard avaient été prédominants. Camille a démontré qu'il s'agit dans une analyse de se construire un symptôme, car la disharmonie est de structure et donc incurable. Se construire un symptôme revient, disons-le de cette façon radicale, à faire une œuvre de la rencontre avec son horreur. Pour cette femme, cette œuvre a consisté à donner « l'en-vie » pour qui s'adresse à la psychanalyse.

De la discordance à la structure

Ce que Héloïse, Michel, Thomas et Camille ont découvert, ce dont ils ont témoigné ouvre une perspective peu ordinaire. Ils sont venus en analyse, car ils souffraient. Chacun avec un malaise spécifique qu'ils ont identifié. Héloïse se prenait pour un légume sans racine, Michel pour le secret de la famille, Thomas pour le ciment indispensable à l'harmonie parentale et Camille pour le désastre de sa mère. Découvrir que cette douleur fantasmatique pouvait être autre chose qu'un handicap dans leur vie et qu'elle pouvait se révéler féconde et bénéfique a de quoi surprendre ou laisser sceptique. Tous les quatre ont fait l'expérience que leur force de destruction pouvait devenir une puissance de création. Chacun a puisé dans l'intimité de son malaise pour inventer sa propre solution, l'inscrivant dans le droit fil de sa vie affective. Héloïse a décidé de se faire écrivain public, Michel de faire une thèse et de publier, Thomas de devenir un vrai comédien et Camille une psychanalyste. Ils ont changé leur façon de faire avec leur destin, sans en être radicalement transformés. Dans cette métamorphose, ils sont restés fidèles à leur construction fondamentale. Ils ont pu ressentir que leur discordance intime leur donnait une assise essentielle, une fois libérée de son carcan fantasmatique. Cela indique bien que la structure de chacun se construit sur la discordance de son être. Que le symptôme offre une structure. Si c'est une loi, elle s'applique à tous, à ceux qui le découvrent en analyse et à ceux qui l'ignorent. Toutefois, ce que nous avons vu laisse penser qu'il y a de bonnes et de mauvaises constructions. Celles qui allègent et fortifient et celles qui pèsent et contraignent, parce que la discordance est engluée dans la souffrance affective, au point d'en neutraliser les ressources.

Plus largement, et par-delà l'individu, les tendances actuelles doivent elles-mêmes leur existence aux symptômes et nous avons à interroger les phénomènes de société comme autant de solutions au malaise contemporain, le symptôme apparaissant ici encore comme structure et comme solution.

III

L'ARRANGEMENT SOCIAL

Faire de sa discordance intime une assise essentielle, accomplir cette forme de sublimation, c'est aussi l'histoire de Che Guevara[18]. L'arrangement nécessaire pour y parvenir, le Che l'a réalisé à partir de ce qu'il était, mais en le mettant au service de la société tout entière. Sa célébrité est à la mesure de l'œuvre accomplie au point qu'il est tout simplement identique à celle-ci : le Che est la Révolution.

Un événement de sa petite enfance a scellé une union entre son corps, l'obstination et le courage. Il a 2 ans et, comme chaque jour, il accompagne sa mère à la plage. Elle veut faire ses mille mètres de natation quotidienne. Cette femme était elle-même considérée comme une aventurière pour son époque, libre d'esprit. Le petit Ernesto reste donc seul sur la plage à attendre sa mère qui nage et qui finit par disparaître de son regard. Il attendra ainsi, transi, au bord de cette absence d'une mère sauvage, et fera sa première crise d'asthme. Cet asthme ne lâchera jamais le Che et le conduira bien souvent au bord de la mort, réclamant sans cesse de sa part opiniâtreté et audace. Ce fut, a dit son père, « une sorte de malédiction ». Il fit de cette malédiction une arme dont il sut se servir pour combattre et prendre la tête de la rebellion. L'asthme résonnait comme une réponse, par laquelle il se mettait en accord avec l'insupportable que la mère venait de lui faire rencontrer. La révolution est une respiration difficile de l'Histoire, dont il s'est fait un destin, en se forgeant un nom : *le Che*. C'est ainsi que ce nom a signifié depuis « Révolution ».

Cet exemple montre qu'un engagement public peut offrir une solution à un mal-être qui ne passe pas par la psychanalyse. Au lieu d'inventer sa propre formule subjective, comme l'ont fait Thomas, Michel, Héloïse et Camille, on crée ou on rejoint alors un mouvement, un courant ou seulement une tendance.

Le processus qui associe une solution sociale à un malaise individuel est obscur. Cependant les deux issues, sociale et analytique, ont au moins un point commun. Elles offrent un véritable mode de vie qui donne du sens à la vie. En outre, elles engagent les hommes et les femmes dans le lien social : l'une, par une construction intime, l'autre de façon spontanée par l'inscription dans le mouvement de la société. Si, pour la première on a pu parler d'arrangement avec sa discordance personnelle, pour la seconde, on peut parler d'arrangement social.

Che Guevara, mais aussi bien d'autres personnes célèbres comme Pierre Gagnaire ou Steve Fosset ont eu recours à un arrangement social. Leur arrangement se découvre être le fruit d'une passion que chacun a su exploiter en dehors de la sphère intime. L'un se sert de la passion des autres pour le plaisir de la bouche, plaisir qui se répand et prend bien d'autres formes que celle des mets délicats, celui du vin et du tabac par exemple qui souvent les accompagnent. L'autre se sert de certains attraits du capitalisme – performance, réussite et avidité – pour satisfaire ses propres tendances voraces. David Douillet a également sa place ici, car il a aussi, par la pratique professionnelle du judo, donné un nom à ce qui s'est présenté très tôt comme une dissonance, si l'on en croit le témoignage qu'il en fait. Encombré durant son enfance par un corps trop grand, trop volumineux, trop épais, il lui trouve une « utilité [19] » par la pratique d'un sport habituellement considéré comme l'arme des faibles et qui demande souplesse, ruse et finesse : le judo. Il ne se contente pas de l'exercer pour lui-même, en amateur. Il lui faut devenir un champion. Et il excelle. Il devient champion du monde et champion olympique. Autre exemple qui fait valoir le caractère crucial pour certains d'une solution sociale : celui de Stephen Hawking. Ce physicien s'est servi de la science pour supporter son invalidité presque totale et son immobilité, explorant les frontières reculées de l'univers et mesurant la vitesse de son expansion. Ici, c'est un autre champ social, celui du savoir intellectuel, qui a permis à un individu de satisfaire ses aspirations.

Le lien social peut donc être un véritable tremplin pour convertir en un élan un malaise personnel. C'est à cela qu'est dû l'attachement pour tel ou tel champ social. La psychanalyse y voit autre chose qu'une échappatoire et a, pour cette raison-là, une exigence que la société n'a pas : il ne suffit pas que la sublimation soit réussie sur le plan collectif, il faut aussi qu'elle le soit sur le plan individuel. Ce qui est difficile à discerner.

Une société en mutation

Notre modernité se caractérise par une sorte de symbiose entre le social et le trouble individuel. Cela se traduit par l'assimilation étonnante d'inventions singulières par la collectivité, par une solidarité de plus en plus étroite entre les modes de vie en société et les modes d'être particuliers. Ce qui était naguère conçu comme un dérapage isolé peut de nos jours faire partie des mœurs. Prenez l'homosexualité : il n'est plus question de la regarder comme un dérèglement. Aussi, la discordance pour un homosexuel n'est plus *a priori* son homosexualité ; si elle l'est, c'est l'affaire de chacun. Et cela est d'autant plus vrai actuellement que l'évolution des mœurs produit un déplacement de ce qui est hors norme.

Ainsi, des formules sociales issues d'individus sont à l'origine de la formation de phénomènes collectifs, voire communautaires. L'arrangement social vaut autant comme solution personnelle que comme solution collective. C'est un arrangement, un compromis plus ou moins heureux. Déjà la socialisation des sujets toxicomanes, le communautarisme des homosexuels et les mouvements féministes étaient les premiers signes de ce processus. Depuis, il s'est intensifié. Le corps, l'alimentaire, le virtuel, le sport, le sexuel, ou le politique sont devenus des univers libidinaux autour desquels on se regroupe, chacun dans le sien. Tous en proie à une dépendance rassembleuse.

De l'individuel au collectif

La dépendance est la forme du plaisir moderne par excellence. Elle contamine l'esprit contemporain de la satisfaction au point que les individus en viennent à confondre leur plaisir avec leur être, plus précisément leurs modes de jouir avec leurs modes d'être.

Ce phénomène prend parfois des proportions inquiétantes. Ainsi, Cindy Jackson fascine l'Amérique par son application à la lettre de cette loi moderne. Elle a subi des dizaines d'opérations esthétiques pour se transformer en Barbie et devenir identique à son objet de désir. Elle est désormais une Barbie vivante, réelle, donc plus Barbie encore que celle de ses rêves de fillette. Mais cela ne lui a pas suffi. On voit comment la dépendance au désir entraîne la surenchère. Elle n'a eu de cesse de trouver un partenaire à cet objet qu'elle est devenue. C'est chose faite, Ken est lui aussi le résultat d'une transformation réelle. Elle a « choisi pour son Ken les yeux de Tom Cruise, le nez de Brad Pitt, la bouche de Clooney... ». L'élu est lui-même tout à fait consentant : « Je préfère, dit-il, être un accessoire et mener la vie que je mène que de pas en être un et n'avoir aucune perspective d'avenir[20]. » C'est cela : faire coïncider mode de jouir et mode d'être, devenir quelqu'un par la seule vertu de son plaisir. Évidemment, bien des femmes américaines se sont mises en tête de suivre l'exemple de Cindy : transformer un fantasme érotique en réalité.

Il est de plus en plus question de la *fan attitude* qui va bien avec l'air du temps, avec cette exaltation de la félicité. À Hollywood, a été créée une unité de police spécialisée. Cette *fan attitude* prend des accents parfois inquiétants, tant la soif identitaire et libidinale y est impérieuse. On parle à juste titre de « prothèse identitaire[21] ». Vingt-trois pour cent des 15-30 ans en France sont pris par cette obsession de « l'idole » qui les fait « vivre par procuration », une vie illusoire de succès, de célébrité et d'évasion. Elle est leur « meilleure amie », leur « drogue », leur « raison de vivre ». L'idole leur donne un être, un destin, un avenir. Cette passion se déclenche par pur besoin de donner à sa vie ordinaire de l'éclat, mais aussi parfois en réponse à des moments d'errance, de désespoir, voire de grande détresse : le divorce de ses parents, le suicide de sa meilleure amie, la mort de sa mère, son anorexie ou un cancer. Tout un marché entretient et se nourrit de cette « intoxication » des jeunes : magazines, émissions de télévision, sites Internet. En particulier la *Star Academy* a provoqué un véritable mouvement de masse chez les jeunes. Alors, ils s'approprient leur star, en collectionnant ses photos, ses disques et les coupures de presse, ils *chattent* des heures avec d'autres fanatiques, se lèvent à 5 heures du matin et attendent dans la rue, pour simplement la voir ou lui arracher un autographe et même une photo.

Aux États-Unis, l'addiction tient le haut du pavé, et le dispute à l'Amérique puritaine. L'excès, voire l'exclusivité, devient le signe de reconnaissance. L'autre n'intéresse que s'il est un semblable, à savoir un « addicté » lui-même. Prenez les *joggers* ou les adeptes du *body-building* : ils se regroupent en tournant sans relâche autour de Central Park ou en s'agglutinant dans les salles de sport qui pullulent depuis quelques années. Ils font de ce loisir une discipline exigeante qui les rassemble et dont ils parlent entre eux, quand ils ne s'efforcent pas de pousser les autres à s'y soumettre. L'effet de groupe est significatif, au point de représenter un fait de société. Il y a aussi les *workaholics*, les « alcooliques du travail », qui sont devenus le ciment de la société travailleuse. C'est ça ou le chômage. New York détient la palme. Prendre deux semaines de vacances dans toute l'année signe la paresse. C'est une maladie qui permet, justement, de ne pas être seul. Citons encore la socialisation de l'amour des animaux, qui pousse ses adeptes à se regrouper dans les parcs par centaines, à organiser une vie sociale animale avec centres aérés et moniteur *ad hoc*, *pets-shops*, services vétérino-sociaux, psychologues, etc. Là encore, les pets semblent servir à tromper la solitude [22].

Il y a enfin le rapport à la nourriture ; il tient du record, que ce soit dans le sens de la boulimie ou de l'anorexie. On sait qu'aujourd'hui l'obésité est un problème de santé publique. Ce qui n'est pas sans rapport avec l'obsession du *light*. Au point de faire groupe en parlant la même langue, autour de signifiants inventés pour formuler leur obsession, et célébrer la *light food*. Qu'il s'agisse d'une position d'esthète ou de renoncement forcé, tous partagent le même vocabulaire. On échange des recettes sur les produits *diet-life, diet-programs, carbohydrates, low-carbs* ou *low-fat*. La jouissance tient au comptage des calories et des molécules, sous couvert de scientisme. Cette obsession de la « bouffe » donne lieu à une véritable débauche d'études et de mesures du non-pouvoir nutritif des aliments.

Le plaisir oral n'a pas seulement le *light* comme mode de jouir, depuis que les *food attitudes* – comme les Américains les désignent eux-mêmes – ont pris un essor considérable. Les oméga-3 sont la dernière trouvaille. Le *bio* est devenu un impératif pour beaucoup, de plus en plus nombreux. Ils entendent l'imposer comme règle de vie à tous pour « la préservation de la planète et de sa biodiversité ». Il a envahi les rayons de nourriture des supermarchés, mais aussi de produits de beauté et d'entretien de la maison. Comme le proclame une de ses adeptes devant un stand de Cosmébio au Salon Marjolaine, le salon des « bioïstes » : « Le bio, c'est une attitude, un mode de vie[23]. » Des associations de consommateurs se sont créées, qui nourrissent et se nourrissent sur Internet d'une multitude d'informations.

En France et en Europe, ces « attitudes » se répandent. Le corps, avant toute chose corps libidinal, se trouve l'objet de flambées contradictoires, où se relaie le culte du muscle, du bio, de la jeunesse ou de l'abondance. Citons encore la mode des sports extrêmes qui séduit une multitude de sportifs, anciens et nouveaux, et les entraîne dans les airs, sur des hauteurs vertigineuses, dans des précipices sans fond et dans les profondeurs maritimes. Une nouvelle société est née, qui ne se déplace plus que sur un axe vertical. Le harnachement de ses émules semble faire partie des signes d'appartenance à celle-ci et de la fascination qu'elle exerce. *Canyoning*, parapente, VTT, *Kitesurf*, constituent le vocabulaire de sa nouvelle langue.

Il existe véritablement une mouvance addictée à l'impératif libidinal du corps ! La socialisation de ces arrangements ne tient pas seulement à leur diffusion informelle mais aussi réelle. D'une part, la pression économique est forte. Le capitalisme exploite ce rapport à l'objet, exploite la dépendance, pour en faire une marchandise. Il fait de l'objet une nécessité vitale. La publicité rappelle ses adeptes à l'ordre, au cas où ils se lasseraient, où ils s'échapperaient pour se satisfaire ailleurs. Le marché veille et se renouvelle. Mais la psychanalyse sait aussi que ces emprises prennent la place du vide existentiel. On se précipite sur ces modes de jouissance pour tromper l'ennui, la solitude, la vie ordinaire. On préfère le trop-plein. Et l'idéologie se fait complice ; elle désigne, *via* les médias, un destin réussi par l'extrême, quelle que soit la forme que prend celui-ci.

Ces nouvelles formes étranges de lien social permettent de rassembler ceux qui, dans leur isolement, se sont rassasiés, le regard incrusté sur leur écran d'ordinateur, les oreilles bouchées par leur Ipod, avec à l'horizon la promesse du Viagra et autres Prozac. Elles les inscrivent dans un rapport avec d'autres, dans un groupe dont les membres se reconnaissent entre eux par un mode unique de plaisir. C'est ce style de jouissance qui les singularise et les différencie des autres, tout en accommodant le singulier avec la société. De la sorte, des îlots pulsionnels se collectivisent et créent de nouveaux groupes. Cette solution sociale dit ainsi comment des êtres captifs de leur autoérotisme tiennent ensemble. Ils réussissent à partager le même objet de jouissance qui est *a priori* autoérotique et individuel. Avec lui, ils imaginent posséder ce qui leur manque pour être complets et éliminer leur malaise, d'autant plus que les autres les confirment dans leur trouvaille. Cette illusion partagée donne à l'addiction sa force d'adhésion et fait de celle-ci une véritable solution – encore une fois passagère ou durable. Ce partage est aussi ce qui fait les beaux jours du capitalisme. Addictés et capitalistes sont objectivement solidaires ! Une telle étrangeté sociale s'entretient par la coïncidence des intérêts personnels et collectifs qui sont aussi mercantiles.

Ce qui vaut pour les États-Unis se produit à une échelle réduite dans une bonne partie du monde occidental. On ne peut pas ne pas évoquer cet autre phénomène majeur qui devient lui aussi de plus en plus un terrain privilégié pour l'addiction, le souffle Internet, cette grande surface des passions humaines, qui génère de nombreux phénomènes symptomatiques. Il propose à la libido de chacun une multitude de rubriques, qu'elles soient d'inspiration culturelle ou franchement sexuelle. À charge pour chacun d'inscrire auprès de ce *Big Brother* électronique sa propre version du plaisir. La modernité propose ici une satisfaction virtuelle de la pulsion. Là encore le fantasme devient réalité. On s'y satisfait autant qu'on veut. On trouve tous les objets même ceux qu'on n'imagine même pas. On est libre d'abuser.

Internet apparaît comme l'instrument idéal de communautés d'un genre nouveau qui mettent en jeu ce qui les anime et leur procure des bénéfices immatériels et libidinaux jusqu'alors inimaginables. Ainsi, le phénomène des « cyberdragueurs » qui connaît un succès plus large encore, moins culturel mais tout aussi essentiel. Hommes et femmes cherchent à se rassembler pour satisfaire directement leur plaisir. En quête de rencontres virtuelles et parfois réelles, sexuelles et parfois amoureuses, ils trouvent sur Internet les conditions idéales où s'exalte un choix qui se voudrait « objectif », et qui relève du pur plaisir de l'objet. La distance avec le partenaire éventuel permet tous les fantasmes que l'immédiateté de la réponse alimente. On trouve tout, tout de suite, sans engagement, sans même se voir, se toucher, s'incarner. Ce phénomène prend une ampleur considérable, si on en croit Marc Simoncini qui dirige le site Meetic : « Malgré un public encore parisien, nous avons au moins deux inscrits dans 29 900 communes de France (sur 36 851)[24]. » Il permet aux solitaires, célibataires ou pas, de s'inventer des partenariats, en duo ou en groupe, et de réussir sur « l'écran noir de leurs nuits blanches » ce qu'ils auraient peur de rater en vrai. Ce faisant, la confrontation avec le corps de l'autre est de la sorte évitée. Internet intervient et prospère dans ce contexte de désagrégation du lien social et de reconstruction de nouveaux liens. Toutefois, même l'idée d'être ensemble est une illusion. Le *chat* et l'*e-mail* vingt-quatre heures sur vingt-quatre ne règlent pas ce qui fait le ratage amoureux entre les hommes et les femmes[25]. Internet fonde son succès sur ce ratage. Il a de beaux jours devant lui.

Plaisirs identitaires

On peut supposer que l'engouement pour l'action humanitaire, apparu à la fin du XXe siècle, a répondu pour certains, d'une autre façon, à cette nécessité de s'inscrire dans un lien social. Ceux-là y trouvent une intégration dans un groupe, une identité, la satisfaction d'une aspiration sans nom. On sait que les organisateurs de ces associations exigent des entretiens individuels pour ceux qui prétendent en faire partie : la charité ou même l'engagement politique et moral ne suffisent jamais à fonder une telle action. Bien d'autres facteurs psychologiques sont en jeu. De même pour ces mouvements contestataires *off* dans lesquels se rassemblent des groupes hors parti, les altermondialistes, Attac, le mouvement associé à José Bové, Greenpeace, Reporters sans frontière... On peut parier que la liste va s'allonger. Pour certains, ces mouvements leur offrent une chance de s'insérer dans un groupe tout en étant hors cadre, mais sans revendiquer pour autant une marginalité.

Le groupe qui donne à la solution sociale sa forme la plus accomplie est certainement la communauté homosexuelle. Il se désigne lui-même, de fait, par un nom de jouissance, et finit par être dans les sociétés occidentales un des plus structurés et des mieux établis. Il prescrit le lien homosexuel comme règle d'appartenance. C'est ce lien qui fait loi. « Être homosexuel », c'est une nomination qui ne correspond pas à une appartenance symbolique, familiale, religieuse, ethnique, professionnelle, mais à une position sexuelle personnelle, et c'est ce lien qui légitime le rattachement au groupe. De la sorte, une forme de jouissance individuelle est la source d'une identité collective. À tel point que l'on peut désormais parler de culture homosexuelle, sur laquelle les chaînes de télévision comme TF1 et M6 s'appuient pour garantir la modernité de leur image [26]. Nous avons là l'exemple de la transformation d'un mode de jouissance en une culture. Cette communauté exerce, comme de l'autre côté de l'Atlantique, son influence sur l'ensemble de la société. Le débat sur le mariage *gay* en atteste. Lionel Jospin a surpris par ses positions traditionalistes faisant valoir que ce mariage posait la question « du sens et de l'importance des institutions [27] ». C'est exact : les fondements des liens du mariage, de la parenté et de la filiation sont en jeu. Le communautarisme a atteint son objectif sublimatoire : élever une jouissance à la dignité d'une valeur sociale. Le pas supplémentaire serait d'en faire une valeur civique.

Dernier exemple de ces phénomènes étranges de société qui donne une idée de l'impact de la culture homosexuelle sur les hommes hétérosexuels : les « métrosexuels [28] ». Cette nouvelle mode prône un dandysme moderne, attaché à la métropole et à ses lieux publics. Elle a été inventée dans les années 1990 par Mark Simpson, un journaliste *gay* britannique. Épilation, maquillage, soins de beauté, chirurgie esthétique, habillement « griffé » absorbent les dépenses et les loisirs. Il s'agit de ne pas proscrire la féminité dans l'homme. Cela pour définir un nouveau profil viril qui emprunte au féminin le goût des apparences et des soins corporels. Sans pour autant abdiquer un certain machisme sexuel. Ce sont les compagnes de ces hommes nouveaux qui témoignent du sentiment du « trop », dont les métrosexuels sont victimes : trop féminin, trop de dépenses, trop de vêtements, trop de fond de teint. Elles aperçoivent certainement un engouement qui dépasse le souci de l'apparence.

Ni Dieu ni Maître

Les tendances contemporaines encaissent le coup majeur de notre modernité : le déclin de la loi a laissé la place à la domination des satisfactions individuelles. C'est pourquoi des hommes et des femmes isolés investissent avec d'autres une cause sociale que soutient leur intimité ; ce faisant, ils se mettent au diapason de la tendance actuelle à exalter le plaisir et le bien-être, contrairement à l'époque où le « Maître » agissait pour les contrôler et les faire taire.

Jusqu'à la moitié du XXe siècle, la loi, le Père, le Maître, régentait les liens entre les hommes. Il allait de soi qu'ils avaient tous un rapport commun à l'idéal du Maître. Et si la question se pose aujourd'hui, c'est que l'autorité symbolique et effective du Père est nettement remise en cause. Au point qu'on se demande si réussir à se passer du Père ne serait pas l'enjeu de la modernité.

Mai 1968, une référence essentielle pour toute une génération, la mienne, est sans doute une conséquence de la lente dégradation dans la croyance au Père. Celle-ci a commencé avec le déclin de l'influence religieuse. Elle s'est poursuivie par la condamnation du capitalisme à cause de ses excès, de la production d'une plus-value au prix de l'exploitation de ses travailleurs. De ses excès de jouissance.

Ce déclin du Père a été précipité par le développement de la science. Ses découvertes, par exemple en physique et en génétique, ont achevé d'ébranler les croyances métaphysiques, jusque-là alimentées par la religion, censées définir l'origine de l'être et de l'univers. Les neurosciences, le cognitivisme, la greffe d'organes, les manipulations génétiques, la technoscience contraignent à reconsidérer les origines de la vie et celles de son héritage. Considérez l'émergence des nouvelles pratiques médicales de la fécondation : elles ruinent toutes les illusions patriarcales. À commencer par la fécondation *in vitro* qui dévoile qu'on peut être un père génétique sans jamais exister comme père pour l'enfant ainsi conçu. La banque du sperme est la preuve vivante de la séparation du père génétique et du père symbolique. La conséquence inverse est aussi vraie : on peut remplir le rôle de père, indépendamment de toute relation biologique (un beau-père, un grand-père, un père stérile, une femme même). D'ailleurs, l'écart entre la paternité et la fécondation n'est pas une nouveauté. Les pères le savent depuis qu'ils ont à reconnaître leur progéniture, et il n'est pas rare qu'ils avouent ne pas être sûrs d'en être le géniteur. C'est pourquoi le droit était nécessaire pour affirmer symboliquement quelque chose qui, réellement, ne pouvait pas l'être.

Aujourd'hui, c'est le droit de la famille qui est ébranlé et qui doit s'adapter aux effets du discours scientifique sur la perte de crédibilité du père. Car, en l'état, ce droit ne correspond plus à l'état actuel de la famille. Transformation des relations familiales, familles monoparentales, remariages, familles recomposées, adoptions, mères porteuses, bébés-éprouvette, PACS, couples homosexuels : les lois de la parenté sont bouleversées et inappropriées aux situations nouvelles. Touchez au Père, c'est toute la vie qui en est transformée.

La loi du Père se révèle donc faillible, parce qu'elle a failli. Rien ne pouvait en garantir le bien-fondé, donc pas non plus l'existence. Cela n'est pas conjoncturel mais structurel. Depuis toujours, cette loi se réduit à un pacte et n'offre de légitimité au Père que conventionnelle, parfois de pure convenance. Aussi, quand ce défaut de garantie du père se fait voir, c'est le Père lui-même qui est atteint jusque dans ses fondements. Notre modernité ne fait qu'en exposer l'imposture.

Depuis que la psychanalyse existe, les psychanalystes ont affaire dans leur pratique individuelle aux conséquences de cette imposture du Père et de l'illusion qu'elle nourrit, aux dommages qu'elle provoque. Il y a intrinsèquement des limites au pouvoir du Père, même dans la société la plus patriarcale qui soit. Il n'est pas rare que s'adressent aux analystes des sujets qui soupçonnent cette imposture d'autant plus cruellement que leur père s'accroche à son autorité et se croit identique à la loi. Étant donné la forfaiture sur laquelle repose une telle croyance, ce genre de père n'a pas d'autre issue que de se prendre lui-même pour l'auteur de la Loi. Il en devient un tyran. Il fait alors régner, non plus la loi du Père, une loi régulatrice, mais celle d'un être qui fait une loi de son bon plaisir et de son caprice. Cela lui donne des allures sauvages ; car cette loi n'a plus alors de valeur universelle mais singulière.

Prenons les interviews télévisées auxquelles Michael Jackson a bien voulu répondre, toujours avec beaucoup de réticences. Elles font penser qu'il fut lui-même le fils d'un tel père. Et il n'est pas exclu que sa vie d'artiste ait été une réponse à cette filiation, un effet de l'interprétation mégalomaniaque par son père de la paternité. Le père s'est sans doute pris pour le grand « créateur » des Jackson Five et il revenait à ses fils d'édifier son nom comme on édifie un monument. Michael Jackson en a fait son destin.

En confondant son existence avec celle de Michael Jackson, le chanteur s'est donné la vie et a confirmé la toute-puissance paternelle. Son album *Thriller* offre la forme la plus accomplie de son œuvre musicale mais aussi de son être. Le clip montre les métamorphoses de cet homme en loup-garou. Cet homme, devenu moitié homme (son corps), moitié femme (son visage), témoigne d'une quête insatiable de transformation et, plus précisément, de sa transformation en femme. C'est ce que traduisent ses multiples opérations de chirurgie esthétique dont il dément, étrangement, la réalité. Par quelle autre opération supérieure se seraient-elles produites ? Cette transformation dépasse le registre superficiel de l'identification et concerne des zones de l'être bien plus fondamentales et obscures. On reconnaît sans aucun doute qu'il a innové dans l'univers de la musique, en particulier en se servant – comme personne ne sut le faire avant lui – du rapport de l'image et de la voix. Il a été un précurseur, mais son clip montre à quel point l'humanité est un univers d'êtres étranges, dans lequel seul l'enfant conserve une humanité non dévoyée.

L'enfant concentre sur lui tout ce qu'un idéal offre de valeur symbolique et sublime. Cela conduit à tenir des propos qui trahissent une inquiétante discordance : « Il est normal de partager son lit avec un enfant, disait-il. Je l'ai déjà fait. On lit des histoires, on boit du lait chaud. C'est très doux, c'est de l'amour[29]. » L'enfant idéal, c'est Michael Jackson lui-même, lui qui fut l'enfant d'un père qui croyait trop au Père. Aussi lui fallait-il toute son œuvre pour en assurer la place ; il a dans ses chansons des accents messianiques qui tranchent avec l'ordinaire de la musique de variétés. Cependant, le risque existe que la frontière entre la figure idéale de l'enfant et sa position d'objet ne soit pas hermétique ; alors l'enfant risque de devenir un instrument.

Une transformation globale

Tout ceci le démontre : le Père comme symbole n'est en fait lui-même qu'un arrangement social qui a répondu en tant que tel aux besoins de la civilisation patriarcale, religieuse, monarchique, républicaine. Le Père serait donc lui aussi une solution sociale ! Cette perspective sur le Père est en soi une révolution. Elle bouscule ce qui a été un préjugé résistant, cette idée que le Père est de toute éternité, qu'il est lui-même son propre fondement. Car cela le limite à n'être qu'une hypothèse. Du même coup, on comprend qu'il perde de son assise, de sa crédibilité. Tout cela explique qu'aujourd'hui il ne suffise plus à régler seul le rapport à la libido. Ainsi, son affaiblissement fait apparaître des errances, de nouveaux modes de jouir et de nouveaux arrangements.

Il ne s'agit donc pas tant de se passer du père que d'établir ces nouveaux rapports à la libido que son déclin provoque. C'est ainsi que de nouvelles solutions sociales permettent à chacun de faire face à ce nouveau « malaise dans la civilisation ».

Ce mouvement d'inscription des discordances privées dans la société ne se limite pas à quelques individualités et à quelques tendances. Il est global, et constitue un enjeu crucial pour le XXIe siècle, car il induit une redéfinition des institutions, en particulier de l'école.

L'école en déséquilibre

L'école d'aujourd'hui s'inscrit dans ce contexte d'arrangement social. Il lui faut faire tenir ensemble son propre formalisme institutionnel et la poussée des passions juvéniles. Et parvenir à une solution régulatrice des malaises individuels.

Le vrai rôle d'un arrangement social est : se faire le relais de ce qui se défait. En ce qui concerne l'école, cet arrangement est depuis des décennies au bord de la rupture. Cela a commencé avec Mai 1968, sa modernité et ses outrances. Depuis, cette institution a de grandes difficultés à exercer son rôle de transmission des savoirs et des valeurs de la République, son rôle d'éducation. La fragilité de cette institution risque de devenir un handicap pour la société, alors qu'elle fut créée, au contraire, pour lui donner des assises.

Le déclin du pouvoir dominant s'y fait sentir cruellement. L'école apparaît particulièrement inadéquate pour faire face aux nouvelles manières d'être qui ont pénétré ses murs. L'incrédulité face au savoir académique et l'éclosion de nouvelles formes du savoir attaquent les fondements de cette institution. Les tensions sont fortes. Il y a urgence.

Ce malaise de l'école connaît des répercussions d'autant plus brutales que ce sont les jeunes qui sont concernés au premier chef. Des jeunes toujours plus impatients de satisfaire leurs désirs et à qui l'école demande de les laisser en attente pour leur préférer le savoir. Les partenaires de l'école sont dépassés par l'esprit moderne, car l'école de Jules Ferry appartient à un autre âge. Le déséquilibre est d'autant plus sensible que l'école prend appui sur la famille, elle-même déstabilisée par la transformation des rapports amoureux. Être parent, être marié, être père, être mère, être enfant, aucun rôle ne va plus de soi.

Prenons l'exemple du principe d'égalité, principe majeur de la République, sur lequel repose le lien social. L'école est un des rouages essentiels de sa transmission. Ce principe est mis à mal par le communautarisme qui cultive les particularismes et prône l'entre-soi. Le débat sur le port du voile islamique manifeste cette difficulté à donner sa place aux singularités individuelles et collectives. Tant que les communautés ne se manifestent pas comme singulières et différentes, le principe d'égalité est respecté, mais, dès que l'esprit communautaire se distingue de l'esprit égalitaire, l'école ne le reconnaît plus. Pourtant, l'air du temps est plutôt à la recherche de la singularité. L'uniformité n'est plus vraiment au goût du jour.

Incompatibilité entre désir et savoir

La modernité tend à éroder le poids du savoir. Le savoir académique est de plus en plus discrédité. On reproche à ce savoir de garantir ce pour quoi l'école a été inventée : subordonner ses connaissances au discours dominant et ses pulsions au respect des valeurs. C'est vrai : l'éducation apprend à ajourner la satisfaction de ses désirs, en privilégiant la connaissance. On troque de la libido pour du savoir. C'est intentionnel. Pour affaiblir la force des instincts considérés comme sauvages, incontrôlables, asociaux, qui poussent à se satisfaire en dehors de la règle. La société s'est toujours défendue contre ce qui pouvait la déstabiliser. Le résultat, ce fut une civilisation qui recherchait la stérilisation de la libido et sa dérivation vers le champ de la connaissance. La transmission des savoirs s'est appuyée sur ce principe de domination d'autant plus efficacement que les valeurs dominantes faisaient partie du bagage. L'aliénation était le prix à payer pour trouver une place dans le système.

La question posée est celle de la compatibilité entre son désir et les idéaux que le système permet, voire offre aux partenaires de l'école : élève, étudiant, professeur. Qu'il s'agisse de l'idéal de la transmission pour le professeur ou de celui de la capacité et de l'homologation pour l'élève et l'étudiant, ces idéaux trouvent à se satisfaire ou sont déçus. Cela a des répercussions sur le goût du savoir et le prix accordé à l'identification qu'apporte un diplôme. Échec ou réussite sont des conséquences de ce jeu entre aliénation et consentement au système. Mais la dimension individuelle des partenaires de l'école joue un rôle prépondérant. On demande à tout le monde de refouler ses désirs. L'issue peut en être heureuse ou manquée. Chacun trouve sa solution dans un mélange entre la force du système scolaire et sa propre position affective. Elle lui permettra de s'adapter, ou, au contraire, le conduira à toutes sortes d'effets discordants, hors normes, du génie au cancre, de la passion à l'ennui, de la vocation à la routine.

Dérèglements

Aujourd'hui se manifeste ce que l'éducation avait mission de sublimer : les maîtres échouent à nourrir le goût du savoir et à stimuler l'énergie du désir. Aussi, l'école est-elle devenue le théâtre des dérèglements que provoquent les débordements affectifs des professeurs et des élèves, et que le système ne parvient plus à contenir. On se plaint du manque de motivations des élèves et de vocations des enseignants ; du mauvais niveau des élèves ou du déclin de la capacité d'enseigner ; de la multiplication des passages à l'acte, autoritaires et délinquants. Surgissent différentes formes de la pathologie névrotique : ennui, angoisse, dépression, violence [30]. En somme, on se plaint de la disparition progressive du rôle essentiel d'intégration dans la société que l'école doit jouer.

La recherche de bénéfices immédiats n'est pas facilement compatible avec l'effort, la patience, la disponibilité, bref la discipline que réclame l'accumulation des connaissances. On observe depuis plusieurs années la désertion des filières scientifiques. À la place, s'est déclaré un engouement pour les sciences humaines et les métiers du spectacle. D'autres recherchent la performance, l'immédiateté, le rendement, l'efficacité, l'accès à la réalité, et s'inscrivent dans des études commerciales, économiques et de sciences politiques. En donnant ainsi la priorité aux modes de vie et aux sirènes de la loi du marché, les uns comme les autres dessinent les contours de la société future dont ils rêvent.

Le déclin du savoir est-il le prix à payer ? Doit-on renoncer à ce savoir qui permet de gagner du terrain sur l'inconnu et d'acquérir de la maîtrise sur ce qui nous entoure ? Ou à celui qui, sans contrarier nécessairement l'aspiration au bien-être, peut même la servir ? Comment préserver une école qui transmette le plaisir de la connaissance, de l'apprentissage et de la découverte ? Comment entretenir, face à cet impératif d'immédiateté, le plaisir des langues académiques, l'histoire, les mathématiques, les sciences de la vie, la littérature, la philosophie ? À une époque où les maîtres perdent de leur éclat, les lumières de la connaissance en perdent aussi.

Quelle place accorder à la langue virtuelle ?

Simultanément, une autre forme de savoir se répand chez les jeunes : le virtuel. Celui-ci agit de façon souterraine dans la vie scolaire. On en méconnaît l'influence grandissante, bientôt prépondérante. D'une tout autre nature que le savoir académique, il passe par une langue qui ne vise pas la compréhension ni la transmission. Ce qui compte, c'est son expression visuelle. La langue virtuelle transite par Internet, les jeux vidéo ou le tag, auxquels il faut associer l'image télévisuelle et cinématographique, et la bande dessinée. Cette langue symbolise un savoir malgré tout, étant soumise à un code, à des règles, que seule une communauté d'initiés reconnaît[31]. Il n'existe pas d'enseignement de ce savoir. Il s'est imposé dans les cités, en réponse à un rejet de la règle et des savoirs constitués, et pour satisfaire un besoin de singularité. Il se transmet par expérience, par initiation, s'acquiert et progresse essentiellement par la pratique. Précisément, il relève d'un savoir-faire qui, parfois, mobilise l'univers sophistiqué de la technique et de l'électronique. Les adeptes ont leurs stars, leurs modèles qui se distinguent par la maîtrise de l'art. La pratique de ces langues ne nécessite aucun lieu réservé, justement aucune école. La dimension spatio-temporelle n'est en rien comparable avec celle de l'autre savoir qui s'inscrit dans une durée et qui se loge dans des encyclopédies et des bibliothèques. Les savoirs modernes recourent à la représentation et à l'imagination, bien plus qu'aux mots et à leur signification, laissant souvent ceux-ci hors champ. La liberté qu'ils supposent, le libre arbitre et l'esprit d'initiative sont les clés de leur succès. Jusqu'au caractère instantané, éphémère et volatil qui contribue à cet esprit de liberté. Une communauté se rassemble autour de cette langue avec le seul projet d'en partager la jouissance.

Quand les deux langues s'entrechoquent

Prenons le cas de Cyril, 14 ans. Ce garçon a logé son malaise dans la dissonance entre l'école et ces nouvelles formes d'expressions. La naissance de sa sœur, il y a six ans, l'a sérieusement déstabilisé. Angoisse, troubles du comportement, difficultés scolaires, menaces de suicide, les symptômes se sont ajoutés jusqu'au jour où il a fait un passage à l'acte violent contre le professeur d'anglais. Le surprenant en train de dessiner sur son « cahier de tags », le professeur a jeté sur-le-champ le cahier à la poubelle. Incapable de maîtriser sa rage, il l'a frappée. Convocation de la directrice, avertissement l'ont rappelé à l'ordre de la communauté scolaire. C'est dans ces conditions qu'il rencontre la psychanalyse. Et, alors qu'il garde le silence dans la séance, l'analyste lui propose de dessiner des tags. Cyril le fait volontiers. S'engage alors une relation analytique après tout classique, puisque ce jeune patient se met à déployer un savoir propre, original.

Il parle la langue des graffitis. Il y a *Tcha, Open, Circa, Musca*, par exemple. Ces noms existent et valent pour des maîtres mots de son savoir. Ils ne sont pas de son invention. Ils circulent dans l'espace du Graffiti et composent un ensemble qui n'a pas de signification. En fait, il s'agit plus d'une écriture qui crée une langue que d'un langage à proprement parler qui délivrerait un message. Le plaisir qu'on en retire provient du graphisme. De plus, cette écriture exclut les non-initiés, et cela a une valeur particulière pour Cyril qui se croit « exclu ». Cette idée s'est construite sur son fantasme : il n'a plus de place depuis la naissance de sa sœur. On l'a exclu, pense-t-il ; alors il exclut à son tour le monde des adultes, le monde de ceux qui l'ont rejeté. Les tags lui offrent un univers où exister. Toutefois, l'offre de l'analyste a opéré. Cyril a décidé d'admettre l'analyste dans son univers à part. D'autant plus facilement que l'analyste s'est mise à prendre des notes, à écrire, alors que l'enfant dessinait ses tags. Chacun sa langue.

Cela tombait bien, car c'est le pari de la psychanalyse : donner à chacun un accès à sa langue privée, la sortir de son lieu clos. Cyril se servait de sa langue pour exclure les autres, et qu'il ait choisi un cours de langue étrangère pour manifester cette exclusion laisse voir ce désir d'être un étranger chez les étrangers. La psychanalyse part de cette position d'étrangeté de chacun pour exploiter la singularité qu'une telle position recèle. Mais à l'école ? Comment faire avec l'outrance de la langue privée dans ce lieu collectif ? Telle est la question que pose Cyril à l'institution scolaire. Un exemple particulier ne suffit pas à établir une règle, mais il fait signe, un signe qui, rapporté à d'autres exemples, finit par faire loi.

Prétendre éliminer le singulier de ses élèves comporte dorénavant le risque d'un passage à l'acte. Les professeurs ont à cohabiter avec les langues privées de leurs élèves, sans que cela devienne une cacophonie et sans pour autant renoncer au discours enseignant. Que l'enseignant n'oublie pas que ses élèves l'aiment pour ses connaissances et pour sa faculté à transmettre le goût du savoir. En fait, l'enseignant doit lui-même jouer de sa langue. Il lui faut s'appuyer dessus pour séduire et captiver. Le savoir crée l'amour du savoir, les psychanalystes le savent bien.

Quand une nouvelle satisfaction pénètre l'enceinte scolaire

Ce plaisir de la langue se combine avec un autre que l'époque actuelle a mis au premier plan. Désignons-le « satisfaction du spectateur ». Il se pratique en solitaire ou en groupe. Il se repère par exemple dans la pratique des jeux vidéo. Ce qui frappe, c'est la passivité des joueurs.

Ceux-ci semblent vivre par procuration toutes les aventures de leurs personnages. Cela leur permet de se propulser, depuis leur siège, dans des espaces baroques, hors du temps, et de s'identifier à des personnages irréels, évoluant dans des situations chimériques.

Le fait de jouer met le cybernaute dans une position de soumission totale aux desiderata de l'inventeur du jeu. Visiblement, ce dernier table sur l'alliance de l'investissement subjectif et mental des joueurs avec leur passivité. Il est certain de les capter et de les rendre dépendants. De surcroît le contenu de ces jeux est profondément imprégné d'un discours de domination. Ils mettent souvent en scène un maître et des sujets soumis à sa puissance et à son autorité. Ces nouveaux plaisirs se répandent et constituent parfois plus qu'un jeu ; ils deviennent un mode de vie. Ils prennent alors toute l'énergie de leurs affiliés et subjuguent tous leurs investissements. Mais cette satisfaction du spectateur a gagné l'école.

Prenons l'exemple édifiant d'une patiente, professeur dans une école privée. Elle me déclara un jour, à peine allongée sur le divan : « J'ai démissionné. Je ne suis pas là pour réveiller les morts ! » Cette parole l'a saisie autant que l'analyste, car elle en disait bien plus sur elle que sur son métier d'enseignante. Elle, qui était la fille de deux aristocrates âgés, avait voué son enfance, sa jeunesse et une bonne partie de sa vie d'adulte à préparer ce duo à la mort de l'autre et à assurer la pérennité de leur blason. En refusant de « réveiller les morts », elle renonçait à tout cela. Elle se libérait donc d'une position mortifiante.

Le déclencheur de cette mutation était, selon ses propres mots, « l'ennui mortel » dont sa classe faisait preuve, quelles que soient ses inventions. Cassettes vidéo, coupures de journaux, bandes dessinées, visites aux musées, elle tentait de leur parler leur langue et les élèves restaient sans réaction. Ils traînaient sur leur copie, bâillaient, regardaient leur montre ; ils attendaient la sonnerie pour que celle-ci les libère. Ayant dans la matinée fait part de sa décision à la directrice, elle aperçut sa classe, après le déjeuner, au milieu du couloir, qui la guettait. Et quelle ne fut pas sa surprise quand elle apprit combien ses efforts, ses initiatives, ses commentaires, son style d'enseignement les ravissaient ! « Vous êtes le meilleur professeur que nous ayons jamais eu », lui déclarèrent-ils, déconfits. On pouvait les croire. Ils jouissaient des prodiges d'imagination que leur professeur accomplissait. Ils en jouissaient comme d'un spectacle, dont ils ne se sentaient pas les acteurs. C'était à elle de payer de sa personne. Cette femme était devenue l'instrument de la « jouissance du spectateur » de ses élèves pour des raisons très profondes et personnelles. Chez elle comme chez Cyril, la dissonance de l'école avec la modernité a ouvert une brèche avec laquelle elle a traité son malaise.

Plus des maîtres, mais des psychothérapeutes

Un tel style de jouissance n'est pas sans nous indiquer ce que l'école a à traiter. Les maîtres ont de plus en plus de mal à s'adosser sur l'autorité symbolique. Faute de quoi, ils ont le choix entre durcir leur position, réduire leur rôle à celui du psychothérapeute autant à l'égard de l'élève et de sa famille que de l'État et de la société, ou faire appel à de nouveaux idéaux inspirés des idéaux chrétiens et se transformer en « prêtres » et en « confesseurs » [32]. Ces processus sont déjà bien avancés. « Psychothérapeute » ou « prêtre », telles sont les réponses sociales de plus en plus courantes face à l'affaiblissement du pouvoir dominant et à l'exigence de bonheur. L'école se rêve « lieu de vie », où l'épanouissement des élèves doit primer sur tout, où les enseignants doivent favoriser l'ouverture à autrui et au monde.

Une telle perspective est délicate, car elle risque de toucher, voire d'atteindre gravement l'équilibre républicain. On décèle d'ailleurs le malaise social à travers les tentatives de réformes et les mouvements syndicaux qui agitent les établissements. Toute tentative de réforme est la source d'un ébranlement supplémentaire, plutôt que le signal d'une remise en ordre. La succession des réformes est autant d'interprétations de la résistance de ce malaise. Le discours politique ne parvient plus à le réguler, ni non plus à le faire taire. L'école de demain devra pourtant avoir concilié l'inconciliable en combinant autorité symbolique et liberté libidinale.

De l'unique au multiple

Aucun psychanalyste ne prône le retour en force du maître. Le voudrait-il d'ailleurs, que ce ne serait plus possible. Le « désir du maître » ne suffit plus à guider nos pas. Nous avons vu comment, à sa place, se sont répandues toutes sortes de nouvelles satisfactions adaptées à toutes sortes de modes de vie. Les maîtres doivent désormais partager leur pouvoir avec les « objets du désir ». Il n'y a pas à le refuser : c'est le choix du sujet moderne. Après tout, l'Église catholique a déjà pris en compte cette mutation, quand elle décréta que la messe serait dite désormais dans la langue de chaque pays et non plus en latin : la multitude des langues s'est substituée à l'unicité de sa langue officielle. Les langues des fidèles ont délogé la langue du pape. L'univers illusoire du virtuel fait une démonstration magistrale de cette mutation : un nombre de plus en plus grand d'hommes et de femmes se sont laissé séduire par une langue plus proche de leurs aspirations. Ils n'entendent plus qu'on leur impose la langue d'un Autre, supérieur, et choisissent la leur.

Mais le risque, quand le lien n'est plus garanti par une instance, c'est qu'il se défasse. Alors, le pouvoir serait celui du « chacun pour soi », chacun tentant de faire un avec lui-même, faute de s'en remettre à un groupe ou à un idéal. C'est une des impasses majeures à laquelle l'école – et tout le système social – ne survivrait pas. Il est indispensable que la culture de ses satisfactions soit relayée par un ensemble, par du savoir, quel qu'il soit, du plus rudimentaire au plus sophistiqué, car le savoir détache les êtres de leur enclos et les replace dans une relation aux autres.

La nouvelle donne sociale a introduit la possibilité du « un par un » – on le voit avec l'affirmation des principes individuels dans l'école – mais il importe de faire en sorte que cet individualisme n'isole pas du lien social. De cela, il faut faire une loi. Cette nouvelle réalité du « un par un » peut devenir une ressource illimitée de solutions qui n'auraient jamais vu le jour sous un règne conformiste. Une nouvelle formule du lien social deviendrait alors : « Un par un, mais avec quelques autres ». L'école publique, cette fois, a bien un rôle majeur à jouer dans la transmission de cette règle.

Entre-soi

Cela fait maintenant un bon nombre d'années que les ministres de l'Intérieur en France se sont penchés sur le problème des « jeunes de banlieues ». Ceux-ci font la démonstration, dans le désespoir et la violence, que le rejet social force au repli sur des zones franches. C'est pour cela que le phénomène communautaire est né dans des quartiers en rupture de ban. Progressivement, se sont formés des groupes qui offraient une réponse aux jeunes, enfants de l'immigration et de la pauvreté. Fahrid Faryssy l'explique simplement : « On nous pousse au communautarisme. Tes voisins sont mahgrébins, tes copains à l'école sont mahgrébins, ton épicier, ton boucher sont mahgrébins. On nous laisse avec nous [33]... » Étant eux-mêmes rejetés par l'idéologie dominante, ils se sont regroupés, de gré ou de force, autour non pas de valeurs mais de codes, codes sur la manière d'être et codes de langage. Une hiérarchie particulière étant là pour en garantir le respect. Objets de consommation, styles vestimentaires, sont devenus les signes extérieurs de leur appartenance au groupe. Depuis, les groupes sont étanches. Et il ne faut pas confondre une Caillera, un jeune de la rue, avec un Bouffon, un intégré. Et, bien que les Zoulous et les Reubeux soient comme les Cailleras, des jeunes de la rue, il est essentiel de reconnaître leur différence. Cependant, ceux-là partagent la « culture de loubard » qui les différencie des « intégrés ». *Tags, grafs, rap, hip-hop, break-dance* constituent leur bagage culturel dont ils font un art qui les identifie à la rue et à la provocation. Toutes ces activités nécessitent un savoir-faire qui les intègre dans un monde de l'exclusion. Mais, ce qui les distingue peut-être le plus, c'est cette manière de parler par laquelle ils signent leur adhésion – ou leur adhérence ? – à leur rejet par la société : l'insulte.

Insulter, c'est nommer. Mais la nomination ici recherchée contredit l'essence même de la nomination, qui est élévation, promotion. Dans un monde où l'idéal s'est retiré, surgissent à la place les noms du pire. L'insulte transperce les semblants. Elle vise le plus intime et le plus singulier chez l'autre. Il s'agit de l'offenser en désignant son être de rebut. Le registre le plus éloquent est celui qui concerne la mère de l'autre. Un grand nombre des insultes la vise. Toutes la déshonorent, en la désignant dépourvue de ses ornements maternels : la mère sexuée est une putain. Comme si ces groupes se formaient autour d'une sorte de totem, la

Mère, dont le désir est tabou. Il récupère, de cette façon, de l'idéal. Aussi, pour atteindre le groupe de l'autre dans son entier, on en détruit la figure centrale. « Touche pas à ma mère », semblent-ils se dire les uns les autres. Sinon, c'est tout l'équilibre qui en sera ébranlé. Cette fragilité montre sur quoi s'adosse une telle construction communautaire, à savoir sur un arrangement social. Cet arrangement les aliène à leur appartenance tribale, et les protège de l'errance.

Une idéologie au service d'une jouissance

Il est surprenant de retrouver dans un univers très privilégié un modèle communautaire qui satisfait lui aussi les critères de l'arrangement social : celui des « Bobos ». Cela confirme la nécessité de formations collectives.

Bobo est un nom propre, commun à un certain nombre, qui n'appartient pas à la même famille. Il constitue un hybride, structuré exactement selon le schéma proposé par Jacques-Alain Miller [34] : un nom identitaire, le bourgeois, dont les valeurs sont détournées par un mode d'être, la bohème, qui ne lui correspond pas. Le Bobo est un bourgeois qui se pense bohème.

Issu du mouvement hippy aux États-Unis et de celui de Mai 68 en France [35], il rejette les travers idéologiques du bourgeois traditionnel, mais adopte sa prédilection pour le bien-être.

Récusant le conservatisme, l'esprit de classe, la fascination pour le prestige et les privilèges, les Bobos s'inspirent des valeurs progressistes pour les mettre en pratique dans leur vie quotidienne : le respect de la démocratie, l'exercice de la liberté individuelle, la priorité à l'esprit d'invention, etc.

Les modes de plaisir qu'ils adoptent se fondent sur cette idéologie particulière. L'argent, les multiples objets de leur consommation, l'habitacle, les loisirs, l'esthétique, se font les promoteurs des idéaux bobos. Être Bobo, c'est reprendre à son compte, dans sa vie quotidienne, la culture libertaire : libérer la libido de ce que comporte la politique du profit pour l'inscrire dans la langue dissidente. Ainsi chaque objet est signifiant pour ce qu'il promeut de cette idéologie, parce qu'il détourne l'usage orthodoxe qui lui est habituellement reconnu. L'argent n'est pas une fin en soi, mais un instrument pour satisfaire les appétits bobos et promouvoir leurs utopies. Pour cela, les Bobos défendent des principes élevés qui, pour le coup, rappellent ceux de la pensée judéo-chrétienne. Pour autant, ils ne négligent pas la valorisation individuelle, jamais dans la compétition, plutôt dans la recherche de la singularité et de l'exception. Les loisirs, par exemple, leur offrent l'occasion d'accomplir des exploits où ce qui est recherché n'est pas l'orgueil de la prouesse, mais le goût de l'aventure, la recherche de la limite personnelle, le mérite dû à l'effort intense, l'accomplissement de soi. Toujours dans les hauts lieux de la géographie et de l'histoire de la lutte des classes. Escalade du mont Everest, piste Ho-Chi-Minh en train, visite des galeries souterraines du Vietcong, traversée en vélo des régions reculées, *rafting* dans les canyons sont autant de plaisirs authentiques susceptibles de mettre à l'épreuve les aspirations initiatiques de l'âme bobo. En bohèmes convertis, les Bobos ont élu les valeurs écologiques, rurales et exotiques, marquant leur solidarité tacite avec les gens simples : le paysan, la femme d'intérieur, le bricoleur, le gaucho mexicain, l'Esquimau de Laponie, le pêcheur du Montana. La fabrication du fromage de chèvre, la culture de la vigne et l'exploitation d'une propriété forestière nourrissent les aspirations de ces nouveaux bourgeois. Ce naturalisme militant cohabite avec un culte et une compétence pour le monde des affaires et la technologie de pointe sur lesquels la classe bobo exerce une influence décisive. Mais là encore, ce ne sont pas des motivations matérialistes qui la guident, mais bien le goût de la création, de l'invention, de la trouvaille, pratiquement la vocation artistique. Équipés d'une *Blue Tooth*, d'un *Wi-Fi*, et de leur *Palm Pilot*, ils traitent avec la Bourse de New York, tout en contemplant leurs pâturages corses.

Tout cela s'exerce sur le fond d'un respect sans borne pour le savoir et l'intelligence. La marginalisation par rapport aux codes bourgeois est considérée à la fois comme une preuve et comme un effet de cette agilité de l'esprit. Créateurs, publicitaires, hommes de médias, informaticiens, juristes, scientifiques, universitaires, financiers, les Bobos sont partout où l'intelligence peut s'exercer. Ils se sont logés là où le capitalisme jouait son avenir, où une pensée infaillible sur le système et cependant suffisamment distante devenait nécessaire pour que l'économie de marché se renouvelle et entre dans le troisième millénaire. Ce qui vient confirmer la thèse de Pascal Bruckner[36] selon qui toute dénonciation du système capitaliste sera un jour ou l'autre retournée par le capitalisme lui-même en une innovation, laquelle engendrera des applications technologiques et marchandes supplémentaires.

Une langue propre

On voit comment les plaisirs bobos qui structurent cet univers constituent en soi une langue. Une langue qui procède par allusions, pour établir le charme discret du Bobo. On ne se déclare pas Bobo. Ce serait admettre d'appartenir à ce qu'il faut bien appeler une caste. Loin de l'ouverture dont ils se réclament, ils ne sont pas avares de sectarisme. Un Bobo ne reconnaît que les siens. Et encore, cette reconnaissance ne s'opère que par l'action d'un code tacite d'appartenance : « À Washington, un jour, j'ai demandé à un transfuge anglais quelle école il avait fréquentée et il m'a répondu : "Une petite école près de Slough." Slough est un modeste petit village à l'ouest de Londres. La deuxième ville la plus proche s'appelle Eton[37]. » De même, en France, on dit avoir connu Untel à « l'école[38] ». On est un initié, ou on n'est pas Bobo. En bohèmes, ils se déclarent contre toute convention, tout formalisme, toute tradition, et se retrouvent, en Bobos, attachés à un code infiniment plus ségrégatif.

On n'est pas Bobo de père en fils. Cela ne se transmet ni par l'hérédité, ni par la propriété, pas même par une tradition écrite. Le mouvement bobo a construit une identité fondée sur la reconnaissance collective de ses formes de jouissance. Théo Brandt, le philosophe danois, parlait récemment d'une « esthétique sociale ». C'est une autre façon, plus imagée, de désigner un arrangement social qui en a toutes les caractéristiques : 1) Les Bobos ont inventé un nouveau style de plaisir qui allie le rudimentaire, le moderne et le sophistiqué. 2) Ce style les singularise et les différencie des autres. 3) Leur singularité établit un trait d'identification qui les nomme et indique leur façon d'être sur laquelle peut s'établir le groupe.

S'inspirant du mouvement bobo, avec le même esprit « rebelle », le même souci de reconnaissance, le même recours au code et la même prétention à faire partie des initiés, jusqu'au nom, est né le phénomène Nono[39]. Il prend la suite des Bobos. Ce sont des bourgeois qui n'ont d'autres soucis que de se révolter contre le principe des grandes marques et leur préférer les mêmes produits élitistes mais « sans nom » – ce à quoi les grandes marques ont répondu en proposant des *No Bags*, *No Age*, *No Surgetics*, ou bien en cachant leur logo à l'intérieur du vêtement ou du sac. Capitalisme oblige ! *No Name*, tel est donc le slogan par lequel ils croient s'exonérer de leur penchant identitaire. On aurait préféré que les soixante-huitards génèrent une progéniture plus révolutionnaire ! Quoi qu'il en soit, eux aussi donnent forme à un phénomène collectif.

Quand la pulsion règne

Le système bobo ou nono aboutit à un arrangement social grâce auquel on s'insère dans la société sans renoncer ni à son identité d'exception ni à la satisfaction de ses pulsions multiples. Il se sert de la variété des pulsions pour dégager des satisfactions spécifiques et renouvelées ; il expérimente tous les divertissements, qu'ils soient générés par le regard, la voix, la bouche, ou toute autre zone érogène. Cette pluralité convient à son esprit inventeur et consommateur grâce auquel il démultiplie ses plaisirs. C'est ainsi que les Bobos se trouvent aux deux extrémités de la chaîne de production, à la fois concepteurs et consommateurs. Ils réussissent à allier la pluralité de leurs désirs à la multiplicité de leurs ressources créatives, de leurs capacités intellectuelles et à leur pouvoir d'achat. Il n'en demeure pas moins que le Bobo, comme le Nono, est individualiste. Il voudrait pouvoir servir sa cause libidinale tout en servant celle de la civilisation, sans rien sacrifier de sa morale et de sa satisfaction. Dans cet univers, « l'Objet » règne comme un fétiche[40] ; il est célébré comme un nouveau dieu.

La vérité cachée de cette manœuvre est à rapporter au principe du « pas-tout » propre au désir : on accumule les objets parce que aucun ne s'égale au tout, parce qu'il en manque toujours un pour avoir tout.

Le mouvement bobo s'est édifié sur une double faille : l'impasse de la bourgeoisie révélée dans les années 1960, puis celle du mouvement contestataire vingt ans plus tard

– jusqu'à la vulnérabilité de la gauche à l'heure actuelle. Le communautarisme des « jeunes de la banlieue » est le résultat de l'échec de la classe politique à intégrer la vague d'immigration venue renforcer la classe ouvrière dans les années 1960, et surtout de son incapacité à offrir des perspectives d'avenir à leurs enfants. Eux aussi se sont logés dans une faille du système, mais pas pour le dominer comme les Bobos et les Nonos, pour le subir et le combattre. Cela confirme que les arrangements sociaux apparaissent au lieu même de la faille sociale. Cette dernière – qu'elle porte le nom de chômage, exclusion, sida, crise économique, délocalisation, insécurité, terrorisme – fait naître une nécessité vitale où apparaissent de nouvelles formes de jouissance qui sont avant tout des nouvelles formes d'existence.

La classe politique a une responsabilité dans cette nouvelle formule de la civilisation. Car elle donne l'impression elle-même de préférer l'hédonisme à l'idéal. Ce ne sont plus seulement les positions idéologiques qui prennent le pas, mais autant des questions de bien-être, d'image, d'intérêts personnels et de pouvoir [41]. Comme toute classe, la classe politique est une entité, et donc solidaire pour le meilleur comme pour le pire. Un tel contexte finit par la rendre uniforme. La gauche et la droite apparaissent de plus en plus indifférenciées. Elles-mêmes renforcent la tendance, quand la gauche tient des propos conservateurs et la droite des propos progressistes. Le goût des nourritures terrestres aurait donc eu raison de l'esprit critique. Les classes sociales, pourtant toujours aussi réelles, en perdent leurs repères et leurs croyances. Elles se trouvent devant un vide politique, que les groupes marginaux ne suffisent pas à combler, à cause de leur manque de représentation nationale. Ces groupes ne représentent pas pour l'État des interlocuteurs solides comme le sont les partis politiques et les syndicats. C'est même ce défaut-là, sa marginalisation, qui fait la crédibilité de ce mouvement *off*.

De cela, la psychanalyse peut et doit témoigner, nous semble-t-il. Elle sait que si la subversion n'est pas assumée par un discours politique, alors elle reparaît sous des formes individuelles ou collectives pathologiques ou barbares. Cela a déjà lieu, qu'il s'agisse de ces nouveaux symptômes où l'excès se traduit dans les jouissances addictives, ou bien pire, des passages à l'acte idéologiques, religieux, ou tout simplement psychotiques.

Quand les femmes s'exposent

L'extravagance des satisfactions féminines, inattendues, incongrues, incorrigibles, irréconciliables, laissa Freud abasourdi. Il inventa la psychanalyse pour les écouter. Car il fallait le secret bien gardé du cabinet d'un analyste pour qu'elles parlent et qu'elles soient entendues.

L'événement actuel, c'est qu'elles se sont faites tonitruantes. C'est un trait de notre modernité. Auparavant, le silence des femmes était la règle, elles étaient sommées de se taire. Elles ont contourné cette répression en s'autorisant à écrire en secret – souvent leur journal intime –, ou bien à sculpter ou à peindre – mais toujours à l'écart des académies, masculines. Aucune place n'était réservée à leur parole dans la société, pas plus qu'à leur sexualité. Aujourd'hui, les femmes exposent leurs désirs. Et, cette fois, elles se font entendre. Elles font entendre leur féminité.

Les féministes, virilisées

Certes, elles avaient déjà tenté de prendre la parole. Justement, à l'époque où le pouvoir dominant commençait à faiblir. Se ralliant à la règle selon laquelle parler, c'était dominer, les suffragettes, les féministes avaient adopté le seul discours audible à l'époque : un discours de maître, le discours politique. Les mouvements des femmes se firent collectifs et réclamèrent le droit à la parole, réservé aux hommes. Pour elles, la libération des femmes devait en passer par une égalité avec les hommes, une égalité des droits et du pouvoir. En revendiquant cette égalité-là, elles appelaient de leurs vœux l'égalité des sexes. Elles l'obtinrent pour une bonne part. Les femmes eurent accès aux zones réservées jusque-là aux hommes. Ce fut une véritable libération pour les femmes, une libération définitive. Cependant, parler en public restait l'apanage des hommes, le discours public étant toujours confondu avec l'affirmation du pouvoir mâle et réservé aux affaires de la cité. De sorte que, de façon malgré tout étonnante, les femmes ont été virilisées quand elles se sont mises, elles aussi, à prendre une position politique. Au fur et à mesure qu'elles réclamaient la liberté de disposer de leur corps, elles se virilisaient elles-mêmes ! Égalité des sexes donc, mais au prix d'une uniformité masculine. Le mouvement féministe fut victime de l'impérialisme mâle : en cherchant à se dégager du pouvoir masculin, le féminisme a été pris au piège de ce pouvoir et en a souvent caricaturé les traits les plus intransigeants. Il ne pouvait pas en être autrement. Malgré cela, il a accompli sa mission et sorti les femmes du silence auquel elles étaient assignées. La démocratie découvrit peut-être pour la première fois son travers : l'indifférenciation des êtres. Tous logés à la même enseigne ! Tous virils !

S'il est justifié de parler d'un échec du féminisme, c'est parce que ce mouvement n'a pas permis que la féminité soit reconnue. Le pouvait-elle ? Le mouvement collectif que le féminisme impulsa a fait une démonstration magistrale à ses dépens : la difficulté pour les femmes de faire groupe. C'est une question de structure qui tient au problème délicat de la définition de la féminité. Car aucune enseigne n'existe pour représenter le désir féminin comme l'attribut phallique qui définit, pour tous, le désir masculin.

Une parole intime en public

Dans le même temps où les féministes occupaient le haut du pavé, un mouvement de fond se préparait, toujours du côté des femmes. Des femmes commençaient à parler de leur intimité. Françoise Sagan, quand elle répondait à une interview, parlait une langue qui nécessitait d'être décodée, une langue qui, dans sa forme, affichait sa pudeur. Marguerite Duras écrivait en femme, écrivait sur l'ineffable du désir féminin, mais toujours en se servant de l'artifice de la fiction. On se rappelle qu'elle se mit en scène avec un homme, Gérard Depardieu, mais ce n'était pas pour lui parler d'amour, mais de la révolution et du prolétariat. Dans *Le Camion*, elle parlait donc en public, au cinéma, mais avec une telle distance que l'on s'est demandé si c'était bien Marguerite Duras qui était là, filmée par elle-même, dédoublée. Simone de Beauvoir est peut-être celle qui s'approcha le plus de notre actualité. Elle fit part en public de sa relation avec son amant américain, dans ses *Lettres à Nelson Algren 1947-1964*[42]. Cela était favorisé par les positions modernes du couple qu'elle formait avec Jean-Paul Sartre. Elle-même s'efforça de prendre la parole en écrivain féministe, mais toujours en disant « nous ». Et non pas « je ».

En fait, malgré ces tentatives d'exposer la féminité, il restait encore et toujours à faire savoir ce que c'est qu'être une femme.

Aujourd'hui, cette parole de femme dans la littérature est allée loin. Le pas décisif de notre époque, c'est non seulement qu'elles parlent en public, mais qu'elles y exposent leur désir. Une patiente me faisait cette remarque très juste que la pente actuelle poussait à « faire œuvre de son intimité ». Rompant avec la tradition de la pudeur et de la discrétion, des femmes se sont mises à affirmer leur intimité, abondamment et précisément. Elles racontent leurs passions, leur vie sexuelle, leurs désirs inconscients, leurs fantasmes. La nouveauté tient à ce nouvel usage de la parole féminine, une parole intime qui se veut publique, libre, vraie, levant le voile de la pudeur, de la discrétion et de la honte. C'est un des arrangements de notre modernité. Il répond à un malaise qui a traversé les siècles et a engendré de nombreuses tentatives individuelles et collectives.

En manque

Depuis toujours, parler pour les femmes est tout simplement équivalent à un acte sexuel. « Les mots sont ma matière charnelle. La sexualité, c'est plutôt pour mon mari. Ça ne me parle pas pareil », me disait une patiente allongée sur le divan.

Le débordement des extases féminines est inhérent à la difficulté des femmes à se définir dans ce que Lacan s'amusait à désigner la « norme-mâle ». On ne s'étonne pas que la psychanalyse ait pu, à la fin du XIXe siècle, devenir interlocuteur privilégié de ces débordements qui dépassent les femmes elles-mêmes. Les hommes savent cela très bien. Elles ont besoin de parler. C'est la condition de l'échange sexuel. Cela est tout à fait singulier aux femmes : cette nécessité de jouir par la parole. Disons-le ainsi, de la façon la plus radicale. La parole est un instrument de la sexualité féminine en tant que tel, une zone érogène, après tout au même titre que le sein, la bouche ou le regard. Qu'elle précède une relation sexuelle, qu'elle se fasse le relais d'une volupté vécue, ou qu'elle soit à elle seule volupté. Mais avant, cela se faisait en privé, dans le secret de la relation intime. Les images des confidences sur l'oreiller, des monologues de l'épouse imposés au mari distrait, des déclarations d'amour ou des revendications insatisfaites de la femme passionnée ont souvent servi à en faire la caricature.

Les femmes qui écrivent aujourd'hui disent tout haut leur blessure. Car, quand on est femme, il faut faire avec le manque plus que les hommes : celui d'être privée de l'attribut phallique et celui de n'avoir pas de définition claire. Les femmes pâtissent d'un vrai défaut du langage qui ne contient pas de mot pour désigner l'être féminin.

Aussi, les femmes ont le choix entre se battre et tricher. Elles mentent parce qu'elles manquent. L'hystérie est leur mensonge. Grâce à elle, elles prennent leur place dans l'univers phallique dans lequel elles ne sont pas vraiment chez elles. Cela leur permet de se rallier au champ commun du désir et de trouver un espace dans le lien social. Qu'elles s'avancent armées ou, au contraire, qu'elles revendiquent leur faiblesse, les femmes hystériques confondent leur cause avec l'emblème phallique. C'est ainsi que l'hystérique a quelque chose de viril. Militante, maîtresse femme, amazone ou même mère irréprochable, ces figures sont autant de manières pour une femme d'échapper à sa condition et de faire l'homme.

L'amour à la place du manque

L'amour du père est très souvent le terrain de l'identification d'une femme pour soutenir son être et son désir. En particulier dans sa quête amoureuse. Elle le recherche chez ses partenaires. C'est pourquoi l'hystérique magnifie, par son amour, ce père dont elle se plaint par ailleurs. Il n'est jamais à la hauteur de son idéal trop exigeant. La fille transcende les défauts paternels en imitant un trait du père : un symptôme physique, un échec de sa vie, une maladie psychique, ou, au contraire, un idéal paternel, politique, religieux, idéologique, etc.

Le bénéfice de ce mouvement actuel nous permet d'accéder à des témoignages féminins qui expriment ce lien inextinguible. Celui de Christine Angot s'inscrit dans cette problématique de l'amour du père[43]. Elle a fait valoir combien sa passion pour son amant, Pierre, fut déclenchée par cette affinité avec son père. Apparaît très clairement la nostalgie du père mort que cet amour réveille. Nostalgie dont elle attend de Pierre qu'il l'apaise. Elle nous en donne une indication, en publiant *in extenso* au cœur de ce roman plusieurs lettres de son père, tendres, attentives, apaisantes. En outre, c'est une formule de lui, qu'elle a choisie comme titre pour son livre. Il y a fort à parier que cette passion ne se serait jamais déclarée sans cette marque du père. On peut aller jusqu'à supposer que cette écriture joue le rôle d'une ode à cet amour… du père.

Paradoxe de telles publications qui voudraient inscrire noir sur blanc, sous le regard de tous, ce qui foncièrement échappe. Les femmes se précipitent dans l'univers de l'amour et se sentent y prendre place quand elles perdent pied. Elles paraissent affolées, perdues, à l'instant même où se présente ce qui pourrait définir leur désir. Christine Angot traduit cela, en avouant que son amour s'est accroché sur certains détails fugaces du corps de cet homme : ses mains, son odeur, ses lèvres, ses yeux, jusqu'à ses cils, sans jamais bien comprendre l'intensité de sa passion. S'instaure entre elle et son amant un jeu de furet, qui la ravit aux deux sens du mot, emportée et abandonnée. Il est présent, il a envie de fuir. Il s'est éloigné, il veut revenir. Et tout à coup, ce qui la comblait la plonge dans la détresse. Elle aime ne pas le posséder et elle en souffre tout autant. Cette femme expose le chassé-croisé qui marque, dans la relation entre un homme et une femme, le rapport difficile de l'amour et du désir. Le désir la fait courir. Elle voudrait une halte dans l'amour. Elle sait traduire à quel point une femme est dans une dimension étrangère ; d'une manière troublante, étant étrangère à elle-même. L'amour projette les femmes dans un univers qui se situe hors cadre, et que le discours courant ne leur permet pas de pleinement exprimer.

Quand une femme consent à se mesurer à la difficulté de se définir, elle se trouve devant la nécessité de montrer et de dire ce qu'est une femme pour une femme [44]. La tendance actuelle à prendre la parole paraît répondre à cette tentation. Femme-objet, femme-trophée, femme savante, femme débauchée, femme fragile, femme inconstante, femme désespérée, femme errante... Combien de représentations tentent d'attraper la féminité avec son manque ou sans lui, en l'affichant ou en le déniant ! Mais il est inhabituel de voir des femmes témoigner d'une « autre satisfaction[45] », une satisfaction purement féminine. Là est aussi le signe de notre modernité. Ces femmes montrent qu'une telle expérience se vit au singulier, jamais pour toutes.

Quand les femmes s'affament

Ainsi, la nouveauté de leurs aveux n'est pas tant de faire savoir leur manque et leur détresse. Leur message est bien plus inouï et consistant. Elles cherchent à exprimer ce qui les fait femmes, pour chacune d'entre elles. Ce que les féministes recherchaient, ces femmes actuelles le réalisent en dehors de toute intention politique, ni même collective. Elles ne se préoccupent pas de défendre la collectivité des femmes. C'est l'époque qui est propice à de tels messages individuels, égocentriques. Autre indice de cette règle : quand la norme du Père défaille, les femmes s'affament. Le style éclaté – et non monolithique – de la féminité convient à l'époque. Il profite de la brèche pour donner libre cours à son expression incontrôlable.

Ce qui émerge des témoignages de ces femmes qui disent « je », en écrivant ou en parlant dans les médias ou sur Internet, c'est une sexualité qui s'annonce toujours autant inacceptable. Il est monnaie courante d'entendre maintenant à la radio et à la télévision des femmes anonymes témoigner des embarras de leur sexualité, de leur frigidité, de leurs préférences érotiques, de leurs rencontres détaillées avec l'homme qui les a initiées. Une des grandes radios françaises réserve ainsi son antenne à Brigitte Lahaye, figure de la pornographie, pour y réunir des hommes et des femmes qui parlent de leur sexualité. Des radios plus ciblées, comme Fun Radio et Skyrock, reçoivent les confidences de jeunes filles. De même, au théâtre, une femme américaine, Eve Ensler, a voulu mettre en scène *Les Monologues du vagin*, et le livre de Catherine Millet se retrouve sur les planches parisiennes. Le cinéma féminin qui aurait été considéré comme pornographique et confidentiel est désormais entré dans la grande distribution avec Catherine Breillat. Citons enfin la bien nommée Diam's, la nouvelle reine du hip-hop qui se donne des allures de lascar, si précieuse pour les jeunes filles des cités, car elle est « la première fille qui dit la vérité sur la vie, sur les problèmes des filles, sur la façon dont les garçons [les] traitent[46] ».

Il y a dans ce nouveau discours amoureux un franchissement, dans le sens où il contrarie le principe ancestral du tabou du désir féminin. Celui-ci comporte une dimension qui depuis toujours fait horreur. Freud découvrant le « continent noir » du sexe féminin révéla qu'il était dans les fantasmes de ses patients comme une tête de Méduse ; cette figure monstrueuse, tentaculaire, est comme un gouffre dévorant, étant farcie de serpents prêts à dévorer ceux qui s'approchent de leurs anneaux ! Il tient à distance. Dès lors que le franchissement du côté du désir féminin vient des femmes, on se trouve dans un univers dont on ignore les limites. C'est un mouvement qui s'est démocratisé au point de se répandre dans la toute jeune génération. Pour le meilleur et pour le pire. Certaines lycéennes se retrouvent à payer de leur corps leurs désirs, pour les avoir exposés en *chattant* avec des proxénètes prêts à les exploiter[47]. D'autres jeunes filles, sur un mode heureusement plus léger, se sont mises à *bloguer*, à « mettre leurs états d'âme en ligne », divulguant ainsi leur journal intime à des milliers de curieux, souvent *blogueurs*, mais pas toujours[48]. La satisfaction dont ces quelques femmes témoignent aujourd'hui appartient à un registre étrange, de l'ordre de l'illimité, du démesuré, du rien à perdre, du « prête à tout ».

Certes, ce qu'on y découvre avait déjà été aperçu. Mais jamais sous cette lumière crue, jamais de cette façon décidée, assumée, revendiquée même. Seul *Histoire d'O*, écrit par une femme, Pauline Réage, avait transgressé l'interdit en 1954. On se souvient du scandale. Mais l'auteure avait pris soin d'en faire une fiction, un récit impersonnel. Et elle était loin de provoquer cette identification partagée à ces femmes qui parlent. À l'époque, on réservait ces trouvailles aux « obsédées »...

Une mystique moderne

Ce que les femmes modernes rendent public, en témoignage de leur féminité, c'est curieusement une disposition toute particulière au mysticisme. Les femmes se présentent dans ces textes comme des possédées ! On peut parler d'une mystique moderne qui déclare ouvertement, sans retenue, sans aucun sentiment de division, que la jouissance sexuelle s'y déploie. Le don de soi, pour être en phase avec l'érotisme féminin, prend parfois des allures mystiques où l'amour de Dieu et la possession du démon l'emportent sur la forme en fait très raisonnable, très « quant-à-soi » du plaisir conventionnel. La multiplicité étonnante de ce registre se découvre d'un témoignage à l'autre. On y voit des femmes projetées dans la béance féminine, souvent au bord de l'abîme. Et elles sont heureuses ! L'amour y apparaît comme la condition pour que cette mystique s'élabore. Un amour qui prend le style de l'amour de Dieu pour lequel une femme peut se mettre dans un état d'adoration, d'exaltation heureuse et d'abnégation totale.

C'est Catherine Millot, psychanalyste, qui traduit le mieux ce que ces extases ont de plus propre à faire exister une féminité. Elle décrit comment ce genre d'expérience amoureuse se greffe sur les abîmes d'une femme. À commencer par elle. Ce sont des expériences de vide dans lesquelles elle éprouve le sentiment d'un naufrage qui se mue en une sorte de réveil. L'auteure désigne cette conscience fugace et absolue de « vide magnificateur[49] ». Se combinent le choc de l'abîme et le sentiment de l'infini. L'épreuve que constituent ces moments contribue à donner forme à un plaisir féminin particulier. Elle ne fait pas mystère de ce que l'amour du père a guidé ces pas rédempteurs qui l'ont sortie en particulier d'une inhibition rebelle à l'écriture.

Le récit le plus exemplaire de cette mystique moderne est celui qu'elle fait de l'étrange passion d'Ingrid Bergman pour Roberto Rossellini. On voit comment un amour peut conduire une femme au bord du gouffre, pour découvrir des sensations dont elle ne se croyait pas capable. L'actrice y a sacrifié la gloire et la puissance qu'elle s'était bâties durant dix années à Hollywood. Elle ne les retrouva qu'en partie après l'avoir quitté. On la voit se défaire de façon inéluctable de ses habits de lumière, pour apparaître désarmée devant cet homme décidé à l'amener sur les rives du précipice amoureux. Cela est particulièrement réel pendant le tournage du film *Stromboli*. Parvenue à la hauteur du cratère du volcan, cette femme ne joue plus la comédie ; elle éprouve dans sa chair des émotions si intenses qu'elle pense y rencontrer sa mort : « Au sommet, je me suis couchée pour mourir[50]. »

Ce don de soi féminin a également fasciné la journaliste Françoise Giroud. Elle ne parla pas de ses extases. Elle fut inspirée par ceux d'une autre, Lou Andreas-Salomé qui, curieusement, associa mysticisme et donjuanisme platonique. Dans ses amours multiples, Lou vise son amour pour Dieu, « l'impossédable, l'inappropriable, l'indésignable, l'indispensable[51] ». Ses partenaires, souvent illustres, Nietzsche ou Rilke, elle les aime pour leur degré de spiritualité. Ils sont comme les passeurs de son amour pour Dieu quand ils la font vibrer par leurs paroles et leur savoir. Voilà une femme littéralement ravie par son amour du savoir.

Dans le même ordre d'idées, on peut évoquer la démarche de Laure Adler qui, elle aussi, a voulu prendre la parole sur les expériences d'une femme. Elle dit clairement que son choix s'est porté sur Marguerite Duras parce que l'abîme de cet écrivain fut son ordinaire dès sa toute petite enfance [52]. Laure Adler décida de la rencontrer sur ce point-là, étant elle-même affectée par l'expérience de l'abyssal. Cette expérience-là transparaît dans le récit des événements marquants de la vie de Duras et de ses amours qui ne sont que passions, strictement érotiques parfois. Est-ce le ravage que fut sa mère pour Duras qui a induit une certaine science de la pente obscure des femmes ? Il semble que des sujets féminins particulièrement exposés à ce ravage puissent en tirer une expérience de jouissance sauvage mais sublime. L'écriture durassienne est issue de ces confins. Elle sait transmettre cette expérience où une femme est transportée au-delà de la limite imposée par un rapport normal au désir. Duras donne à ce transport le nom de « ravissement ». Ce nom dit bien qu'une femme peut aimer ne plus s'appartenir.

Tous ces aveux, directs ou indirects, paraissent répondre à une nécessité où s'affirme plus un « je suis une femme » que l'envie de se faire un nom propre. Que ces auteures aient recours à la biographie d'une autre femme en atteste : c'est la féminité qui est visée et non pas la reconnaissance de leur personne. Il se trouve que les femmes repèrent plus facilement la féminité chez une autre femme que chez elles. La jalousie féminine procède de cette croyance souvent douloureuse que l'autre femme sait mieux qu'elles comment être une femme et comment en jouer. La modernité voit éclore des aspirations féministes bien plus tournées sur les jouissances que sur un cadre institué, symbolique et idéal.

Le don de soi

À côté de cette mystique, Catherine Millet nous raconte une expérience qu'aucune autre femme ne peut raconter à sa place. Elle se met en scène dans des expériences sexuelles où elle s'offre comme un instrument de plaisir, un objet, pour satisfaire les fantasmes des hommes. Ses déclarations sont ouvertement provocatrices. Elles le sont tout particulièrement à l'égard des féministes qui ont combattu une telle position quand les femmes en étaient victimes. Cherche-t-elle le scandale en affichant son plaisir cru à être un objet sexuel ? Cela participerait de la même satisfaction : s'offrir à la vindicte du public comme elle s'offre aux hommes dans les lieux publics. On résiste à penser que la féminité peut aussi conduire vers ces confins charnels, qui sont à l'opposé de ceux, pudiques, de Lou Andreas-Salomé ou même de Pauline Réage. Et pourtant, le don de soi est là, peut-être plus extrême encore, car il implique son propre corps, sa chair exposée aux caprices des autres. Et puis, il y a cette joie qu'elle affiche, qui est à la racine de sa jouissance. Elle dit combien offrir son corps aux fantasmes des hommes représente un bonheur à l'état brut pour elle. Ni honte, ni culpabilité, ni pudeur, ni désarroi, ni mesquinerie, ni irritation, n'accompagnent ce don d'elle-même. Il est clair qu'elle en profite à la mesure de ce que les hommes profitent d'elle. Elle n'est pas divisée dans cet acte qui semble répondre à un absolu. Elle ne justifie pas ses pratiques sexuelles par l'amour, mais uniquement par la sensualité. Ce qu'elle exprime avec la naïveté et la crudité de la langue dont elle fait preuve tout au long de son livre [53]. Son récit est inédit, car il exprime un rapport à la jouissance sexuelle dont elle est la seule à avoir témoigné.

Jouir d'écrire

La Vie sexuelle de Catherine M. demeure malgré tout une énigme. On est en droit de se demander si le plaisir du livre tient aux expériences relatées ou à l'écriture de ces expériences. L'écriture trouverait-elle sa raison dans son propre artifice ? La question qui se pose ici est celle que pose cette nouvelle tendance à livrer l'intime : la jouissance d'écrire équivaudrait-elle à la jouissance décrite ? Pour toutes ces femmes qui désormais s'expriment, plaisir de la langue et plaisir dans l'acte reviennent au même. Parler ou écrire sur la féminité est une satisfaction féminine en acte, là où le langage est impuissant à la définir avec des mots. Les voies de la langue se présentent pour les femmes modernes comme une solution à l'indicible. À les lire ou à les écouter, il transparaît que le discours sert à écrire ce qui ne peut s'écrire : le féminin.

En somme, une par une, ces femmes pressées par la nécessité contemporaine d'écrire l'irreprésentable prêteraient leur voix et leur plume. Qu'elles donnent la forme d'une publication à cette entreprise est le signe que, là encore, un « arrangement social » est à l'œuvre ; arrangement, car rendre publique cette parole féminine apaise ce qui déchire les femmes ; social, parce que ce mouvement féminin finit par constituer une somme significative pour la société actuelle.

Parler en public de son intimité féminise

Mais le réel est cruel : plus ces lettres cherchent à dévoiler le mystère féminin, plus elles exposent le caractère immatériel, évanescent, insaisissable, de ce qui fait courir les femmes. Une multitude – une infinitude – de lettres ne suffira pas à trouver le mot pour le dire. Aussi, chaque lettre est-elle à prendre tout autant comme un cri que comme un message. Levez le voile et vous mettrez à nu votre manque. C'est pourquoi parler en public de ses affaires intimes féminise. Au point que les hommes eux-mêmes se féminisent quand ils témoignent de leur sexualité. L'évolution que la pratique du *outing* connaît ces dernières années en atteste. L'*outing* est un dévoilement ; on retire le masque. Dans un premier temps, cet esprit de l'*outing* fut exploité comme une arme par l'extrême droite pour dénoncer et humilier publiquement un homosexuel à qui on voulait nuire. Parce que non seulement on trahissait son secret, mais surtout on l'associait à une femme. Déclarer Untel homosexuel revenait à découvrir son manque de virilité. Depuis, l'*outing* est devenu un acte militant des homosexuels. En revendiquant leur désir aux yeux de tous, ils affirment aussi qu'ils manquent. Ils sont incomplets puisqu'il leur faut faire reconnaître leur sexualité. Cela revient à affirmer quelque chose de féminin en eux.

L'*outing* s'appuie sur ce principe que la révélation intime en public place le sujet du côté du féminin, alors même qu'il s'agit d'un homme. En fait, c'est une loi universelle : la révélation revient à avouer son désir, comme si on avouait une faute. De quelle faute s'agit-il ? De le révéler, alors que cela doit rester privé. Et aussi de montrer qu'on manque, puisqu'on désire, et qu'on a besoin de le dire. On se dépossède en public, alors qu'on est censé n'avoir besoin de rien. En somme, on dévoile son défaut, sa lacune. Or, la lacune est féminine. Il est difficile de l'admettre, mais c'est une loi toujours aussi vraie. Ce processus a d'ailleurs été illustré, cette fois-ci dans un registre hétérosexuel, par « l'*outing* du président Clinton ». La méthode de ses adversaires réactionnaires fut de réclamer un aveu public de sa relation sexuelle avec Monica Lewinsky pour le confondre. Qu'il avoue sa faute devait l'affaiblir. Ils l'ont atteint effectivement, mais peut-être pas là où ils s'y attendaient. Ils voulaient l'épingler sur sa virilité débordante, faire la preuve qu'il avait agi en homme avec une femme. C'est, au contraire, sa puissance qui a été ébranlée. En levant le voile de sa faute, ils ont mis à nu son manque. Ils l'ont dépossédé de son pouvoir. Du moins, il s'en est fallu de peu. Il a relaté dans sa biographie, comment cette histoire a failli lui coûter sa présidence [54]. « Péché », « honte », « blessure », « bêtise », « offense », tels sont ses mots pour dire comment sa virilité l'a dépassé. On ne peut pas dire que ce soient les propos d'un homme triomphant.

Ainsi, et c'est vrai pour les hommes et les femmes, le discours politique virilise ; le discours intimiste féminise. Il en découle ceci. Le risque de la parité hommes/femmes dans le monde politique, c'est donc le nivellement des sexes dans le sens d'une virilisation de tous. La modernité, qui se veut toujours plus démocrate, et prône la liberté et l'égalité, comporte l'effacement des différences et, donc, de la différence des sexes. La propagation de la mode unisexe en est la marque significative. L'enjeu est essentiel : la modernité ouvrira-t-elle la voie à l'unisexe ou, au contraire, à celle de la différence des sexes dans laquelle la féminité tiendra une place fondamentale ? L'être féminin induit de l'altérité, de l'étrangeté : la femme demeure l'Autre sexe, et, en tant que tel, introduit de la dissonance inhérente à l'être humain. Autant l'uniformité est masculine, autant l'hétérogénéité est féminine. Les paris sont ouverts…

Conclusion

CHACUN VEUT SE FAIRE UN NOM

C'est désormais la loi : l'enfant n'est plus obligé de prendre le nom de son père.

Chacun, à sa façon, sent que son univers a bougé. Il sait que ce changement touche aussi bien à sa vie d'aujourd'hui qu'à son avenir. Un tournant est pris, favorisé par une constellation d'événements culturels, économiques, politiques et cultuels.

La civilisation semblait être une assurance pour la vie moderne, car elle nous protégeait de nos instincts archaïques. Elle avait établi, à leur place, des idéaux parfois proches, parfois lointains, parfois admis, parfois imposés. Ils se voulaient applicables à tous. Ils sont devenus la loi dominante. Elle est désormais remise en cause. Du même coup, l'ordre social se fissure. Les maîtres ont à justifier de leur légitimité, en défendant leur vie privée autant que leur action dans la cité. Les pères ne sont plus censeurs, ils comprennent, approuvent, encouragent et réconfortent.

Comment faire avec nos pulsions ? Nous le savons d'autant moins que la loi est moins là pour le dire et que le marché des tentations n'a jamais été aussi abondant, aussi provocant. La société de consommation prospère tandis que la société des maîtres s'essouffle. Cela laisse les individus plus démunis que jamais. L'ineffable de l'être se découvre et, avec lui, sa terrible vacuité. Aussi cherche-t-il refuge dans cette cacophonie des plaisirs.

Une nouvelle société trace donc son chemin au milieu de l'ordre ancien, et tend à le dépasser. La science, les techniques, les jurisprudences offrent des solutions impensables jusque-là aux handicaps que la nature présente et que les êtres provoquent. On peut être stérile et mère. Porter le cœur d'un autre. Faire un enfant sans géniteur. Guérir d'un cancer. Retrouver la mère qui vous a abandonné. Se marier entre hommes. Aller sur la lune et bientôt partager sa vie avec son clone. L'individualité est encouragée par la prolifération des nouvelles façons de vivre. On peut de plus en plus choisir son mode de vie. La multitude, la variété, la nouveauté et l'invention des instruments du plaisir sollicitent les individus comme jamais. La conjonction de leur désir et de l'impératif capitaliste les dispose à adopter le message d'un nouveau maître : « Consommez ! Consumez ! » Du coup, on assiste au retour du sujet et de son avidité, de son insatisfaction et de sa souffrance. Il met la société en crise.

La psychanalyse le connaît bien, ce sujet. Il est son partenaire. Aussi, est-il légitime qu'elle s'implique dans cette crise. Sa pratique consiste, dès lors, à traiter la part subjective des personnes, quand elles sont déchirées non pas tant entre leurs désirs et leurs devoirs, mais entre leurs désirs et leurs excès. Car, à société nouvelle, nouvelles discordances. Puisque les plaisirs de la bouche, du sexe, du sport, de l'action, du travail, concentrent sur eux les commandements du bonheur, les hommes et les femmes sont déchirés entre l'envie d'en être et leurs entraves personnelles.

Ils en deviennent angoissés, dépressifs, boulimiques, anorexiques, hyperactifs, dopés, drogués.

La psychanalyse répond : que chacun trouve sa formule. Précisément, que chacun fasse de sa discordance une formule qui tienne.

Et ce qui se découvre alors n'allait pas de soi au départ. Dans cette modernité où la morale a supplanté la loi, chacun cherche à se faire un nom. Or tous ceux dont il dispose, ce sont les autres qui les lui ont donnés. Son nom propre ou ses prénoms ne suffisent pas à dire ce qu'il est, à ses yeux. Qu'il les admette ou les rejette, d'autres noms lui sont nécessaires. L'accomplissement de chacun aboutit à cela : faire qu'un sujet se désigne lui-même.

Il existe une gamme de solutions, individuelles et collectives, qui sont toutes tendues vers cet horizon unique : se désigner soi-même. Une première solution est l'« arrangement social ». On se désigne en appartenant à un groupe auquel on n'appartient pas naturellement. L'« arrangement social » traite le malaise social en traitant le malaise individuel. Il en est ainsi des partenaires de l'école qui va mal : les élèves et les professeurs en pâtissent, mais ils s'arrangent avec le malaise de l'institution scolaire qui devient le leur. Ils y parviennent, pas tant en pariant sur la réforme scolaire, toujours à recommencer, qu'en impliquant leur subjectivité, leurs passions et leur rejet. C'est leur manière d'être ensemble et de partager leur désarroi. Autre cas, quand des personnes cherchent à inscrire leur existence dans la société, alors qu'elles ne font pas partie d'un groupe. Le communautarisme répond à ce besoin : il permet que des êtres, *a priori* sans lien, se regroupent autour d'un style de vie. Par exemple, les « jeunes de banlieue » pour marquer leur territoire, et les Bobos ou les Nonos pour marquer leur élitisme. Autre cas encore, celui où l'« arrangement social » est à l'origine d'un mouvement collectif informel et même involontaire ; des femmes, par exemple actuellement, rendent publique leur intimité, et sont ainsi entraînées dans un élan commun avec d'autres femmes, sans que ce soit concerté. Elles s'y expriment comme jamais aucune femme ne l'a fait auparavant. Là, elles marquent leur époque.

En traitant le malaise social, l'« arrangement social » traite le malaise individuel. Il réalise une manière d'être ensemble sur la base d'un style de vie et d'une façon d'être communicatifs. Cet « arrangement » répond à une nouvelle morale, où l'on choisit sa ligne de conduite, non pas en fonction de principes symboliques ou de règles prescrites, mais par le ralliement instinctif à une formation sociale spontanée. L'« arrangement social » se crée parce qu'il suture à la fois une dissociation intime et une faille dans la société. Il répond à la nécessité de s'identifier tout en trouvant une voie d'expression de ses pulsions. Un sujet s'engage dans un mouvement, s'inscrit dans une mode, et il en fait son univers.

Beaucoup de ces « arrangements sociaux » portent des « noms en isme », comme le dit Denys Arcan dans ses *Invasions barbares*. Leurs fondateurs leur ont donné leur nom propre. Ceux-là sont parvenus à se faire un nom par leur talent, un talent qui émane de leur être profond.

D'autres, anonymes, aspirent à la même reconnaissance. Pensons à la *Star Academy* qui exploite cette quête. Mais il en est certains qui se trouvent un nom en se regroupant avec ceux qui partagent la même obsession, le même plaisir : les *workaholics*, les *joggers*, les cyberdragueurs. Ils soulagent ainsi leur malaise qui tient autant à leur difficulté à supporter leur handicap personnel qu'à leur peine à l'inscrire dans le champ social. L'« arrangement social » semble ainsi jouer un rôle de suppléance au malaise affectif, voire de sublimation. Il devient un véritable mode de vie sur lequel se constitue la communauté. Par un arrangement social, l'individu s'enracine le temps d'un engouement ou celui de toute une vie.

Mais il en est certains qui ne trouvent rien d'autre que le nom de leur discordance. Ils se disent « hystériques », « angoissés », « homosexuels », « toxicomanes », « anorexiques ». Ceux-là ne choisissent pas de s'inscrire dans un « arrangement social ». Ils ne sont pas prêts à remettre en cause ces désignations certes génériques, mais qui ont le pouvoir de signifier leur souffrance. Cela prime pour eux d'être ainsi étiquetés. La psychanalyse ne peut intervenir que s'ils sont prêts à lâcher cette référence. Cela suppose que ces noms-là ne suffisent plus à leur donner de l'être, qu'ils signifient trop de détresse et plus assez de bénéfices. Il faut qu'ils aient envie de s'en défaire. Et, admettre de se défaire de ce nom, de le remettre dans le jeu de la parole, c'est admettre de se dégager de son symptôme. Ils quittent alors ce nom comme une dépouille usée. D'autres noms issus de leur histoire et de leur malaise se sont entre-temps substitués à lui. Ils repartent avec ces noms-là, parfois avec un autre, un nom de suppléance, un nom trouvé dans l'analyse. Ce que ces patients ont conquis en analyse diverge radicalement de leur position de départ.

Enfin, il y a les noms qu'une psychanalyse ne se contente pas de révéler, mais de créer. Un homme, une femme s'y reconnaît et le choisit pour investir son être et animer sa vie. Il est le fruit d'une construction intime qui s'est appuyée sur le malaise personnel pour y trouver l'élan nécessaire et donner du sens à une vie. Pourquoi ne pas parier, en effet, sur ce qu'on a de plus résistant en soi, de plus insistant, de plus exigeant, sur ce qu'aucune thérapeutique ne pourra jamais guérir ? Mais il ne s'agit pas là de cultiver son hédonisme, d'entretenir un entre-soi, de forcer les traits de sa difformité. Cela reviendrait à s'isoler dans sa cage narcissique, qui, très vite, deviendrait morbide et destructrice. Là est bien l'enjeu pour la psychanalyse : se servir de la force créatrice du désir. Cette force suppose le rapport aux autres pour faire de sa tare un art. C'est la condition pour que l'homme blessé s'inscrive dans la vie, dans l'échange symbolique, dans le partage de son savoir-faire avec l'extérieur. C'est la condition pour prendre une place personnelle dans le *melting-pot* des libidos, d'y jouer sa partie.

Cette issue a quelque chose de l'arrangement social – la même source : une discordance intime ; la même issue : le champ social –, mais le chemin n'emprunte pas les mêmes voies ; l'arrangement social cimente la discordance quand la construction analytique repose sur son élucidation. Ce nom issu de la fin de l'analyse devient la formule de sa vraie vie.

NOTES ET RÉFÉRENCES BIBLIOGRAPHIQUES

1. *Les Échos*, série limitée, n° 22, supplément gratuit au n° 18992, p. 14.

2. Gérard Albouy, « Fosset-Kersauson », *Le Monde*, 11 février 2004.

3. « Lacan avec Joyce », *La Cause freudienne*, n° 38, 1998.

4. « Nouveaux symptômes », *La Cause freudienne*, n° 38, 1998.

5. La question posée ici est celle du symptôme, non pas au sens médical, mais au sens psychanalytique. Ce symptôme analytique est la construction psychique et inconsciente du mal-être affectif. Le symptôme se manifeste de façon variée, toujours par la souffrance, physique ou psychique. Le symptôme analytique a un sens caché. Il parle une langue lacunaire et syncopée. C'est pourquoi le symptôme est incompréhensible, parfois invisible, et il est toujours le gagnant. On pourra se reporter au texte de Jacques-Alain Miller, « Le séminaire de Barcelone sur *Die wege des Symptombildung* », *in Le Symptôme-Charlatan*, Paris, Seuil, coll. « Champ freudien », 1998.

6. C'est le Moi, cette instance de maîtrise qui cherche à dominer autant les exigences intérieures que celles de la norme sociale, et à les rendre compatibles entre elles.

7. C'est le sujet de l'inconscient, une personne dans la personne, qui est en fait le véritable maître du jeu parce qu'il porte en lui le désir de l'être humain et ses impératifs hors norme.

8. On découvre là la fonction double du symptôme d'exprimer un désir fondamental tout en y faisant obstacle.

9. Freud a nommé cette relation « transfert », indiquant que le patient transfère ses fantasmes sur l'analyste. Il s'agit donc d'une relation

décalée, non réciproque, que l'analyste se doit de manier pour faire émerger cette vie souterraine.

10. Ce registre, Lacan le désigne comme étant le Réel, le plus inaccessible dans le monde intérieur, le plus actif aussi, synonyme de l'indicible, de l'incurable, de l'horreur. Réel, parce qu'il ne fait pas semblant ; il frappe.

11. Ce registre est celui du Symbolique, qui classe, ordonne, étiquette, et donne ainsi une signification à ce que l'on est et ce que l'on pense. C'est un registre pacifiant, là où le Réel est, au contraire, inquiétant.

12. « Le calcul de l'interprétation », *Ornicar ?*, n° 40, 1987.

13. Jacques Lacan a réservé un mot pour exprimer la force qu'un tel « besoin » mobilise et l'excès qu'il provoque : « jouissance ». Aussi, en psychanalyse, ce concept central est utilisé hors de son acception commune. Il a peu de synonymes. Seul le terme de satisfaction – un peu pâle à côté – s'en approche. La jouissance n'est pas le plaisir. Elle a sa source dans la pulsion de mort, et souvent la transcende. Elle exprime une souffrance parfois cruelle, mais aussi un délice, voire une volupté, toujours une nécessité intérieure ; elle est là où toutes les formes de satisfaction libidinale dépassent le sujet pour le meilleur et pour le pire. Que celui-ci la vive dans l'inertie, dans la persécution, ou dans l'extase. Elle est ce qui alimente le symptôme et lui donne ce caractère discordant, dérangeant, inconvenant.

14. Le concept lacanien de l'Autre serait plus juste, étant générique. Le grand Autre est aussi bien le partenaire, la communauté, la société, la conscience morale, les alluvions sédimentées des paroles qui ont compté, il est tout cela selon le moment, selon la situation.

15. Lacan l'a inventé pour recueillir de la part des analysants leurs découvertes sur leur propre analyse dans l'espoir de faire progresser la théorie analytique.

16. Comme Ariane, Thomas est sous l'influence d'une instance désignée par Freud comme le « Surmoi ». Il s'agit d'un commandement puissant et terrible qui dicte – sans dire – la conduite à tenir, une conduite toujours imprégnée de la pulsion de mort.

17. Cette forme de partenariat indispensable entre deux êtres implique les problèmes et les solutions individuels de chacun. Nous appelons ce partenaire le « partenaire-symptôme » à la suite de la formule de Jacques-Alain Miller lancée en 1998.

18. Pierre Kalfon, *Che, Ernesto Guevara, une légende du siècle,* Paris, Seuil, 1997.

19. Gérard Miller, « J'aurais dû ! », *La Vie*, n° 3035, 30 octobre 2003.

20. Faustine Prévot, « Championne du monde de chirurgie esthétique », *Le Figaro*, mardi 18 mai 2004.

21. Yann laurent, « Les dessous de la fan attitude », *La Vie*, novembre 2004.

22. Merci à Alexandre Matet qui se fit mon fidèle reporter à New York.

23. « Produits de bioté », *Libération*, 6 décembre 2002.

24. Ludovic Blecher, « La pêche à l'âme sœur en ligne », *Libération*, 6 janvier 2004.

25. Ratage auquel Lacan a donné une interprétation qui a fait fureur : « Il n'y a pas de rapport sexuel. » Il indiquait là l'existence d'une séparation irréductible entre les hommes et les femmes.

26. Guillaume Fraissard et Macha Séry, « Une télévision de plus en plus gay », *Le Monde, supplément Télévision*, 2 au 8 février 2004.

27. Isabelle Mandraud, « Mariage des homosexuels : divorce entre Lionel Jospin et le PS », *Le Monde*, 18 mai 2004.

28. Thibaut de Montaigu, « Métrosexuels, les hommes d'apprêt », *Libération*, 5 septembre 2003,

29. Samuel Blumenfeld, « Michael Jackson. La carte noire », *Le Monde 2*, 1er-2 février 2004.

30. Luc Bronner, « L'ennui à l'école, l'une des causes de la violence scolaire », *Le Monde*, 14 janvier 2003.

31. Yves Eudes, « Les fondus du virtuel », *Le Monde*, 11 janvier 2003.

32. Jean-Claude Milner, *De l'école*, Paris, Seuil, 1984.

33. Isabelle Monnin, « On nous pousse au communautarisme », *Le Nouvel Observateur*, n° 2079, septembre 2004.

34. Jacques-Alain Miller, « Tombeau de l'homme-de-gauche », *Le Monde*, 4 décembre 2002.

35. David Brooks, *Les Bobos : « Les bourgeois bohèmes »*, Paris, Le Livre de poche, 2002.

36. Pascal Bruckner, *Misère de la prospérité*, Paris, Grasset, 2002.

37. David Brooks, *Les Bobos : « Les bourgeois bohèmes »*, *op. cit.*

38. Il s'agit, bien entendu, de l'École normale supérieure.

39. *Les Échos*, série limitée, n° 22, supplément gratuit au n°18992.

40. Connaissant sa clientèle, l'hebdomadaire *Le Nouvel Observateur* n'a d'ailleurs pas hésité à donner ce nom magique à un Supplément.

41. Pas pour tous ses représentants. Loin s'en faut ! Mais les médias se sont déjà trop faits les révélateurs de ses déviances, pour que la classe politique dans son entier ne soit pas devenue suspecte.

42. Simone de Beauvoir, *Lettres à Nelson Algren : un amour transatlantique 1947-1964*, Paris, Gallimard, 1997.

43. Christine Angot, *Pourquoi le Brésil* ?, Paris, Stock, 2002.

44. Jacques Lacan, *Le Séminaire Livre XX, Encore*, Paris, Seuil, 1975, p. 68. Lacan s'est attaché à signifier aux femmes pourquoi elles se sen-

taient ainsi étrangères, leur déclarant : « Il n'y a pas La femme », indiquant là qu'il n'y a pas de définition de la femme.

45. *Ibid.*, p. 49 et 61.

46. Anne-Laure Barret, « Diam's, l'idole des meufs », *Le Journal du Dimanche*, 1er février 2004.

47. Angélique Négroni, « Des lycéennes se vendaient sur le Net pour assouvir leur goût de la mode », *Le Figaro*, 22 octobre 2004.

48. Alix Girod de l'Ain, « Tu blogues », *Elle*, 18 octobre 2004.

49. Catherine Millot, *Abîmes ordinaires*, Paris, Gallimard, 2001, p. 13.

50. *Ibid.*, p. 78.

51. Françoise Giroud, *Lou. Histoire d'une femme libre*, Paris, Fayard, 2003, p. 118.

52. Laure Adler, *Marguerite Duras*, Paris, Gallimard, 1998.

53. Catherine Millet, *La Vie sexuelle de Catherine M.*, Paris, Seuil, 2001, p. 17.

54. Bill Clinton, *Ma vie*, Paris, Odile Jacob, 2004.

REMERCIEMENTS

Peut-on écrire un livre sans s'inventer un partenaire-lecteur ? Je ne le crois pas. José Achache a bien voulu se prêter à ce rôle durant les trois années de cette écriture. Son esprit critique et son goût pour la science m'ont évité de trop me laisser aller à mes habitudes enseignantes. Je l'en remercie ici profondément. Je sais par ailleurs ce que je dois à la communauté analytique qui est la mienne : l'École de la Cause freudienne. Et à celui qui l'oriente et qui l'inspire : Jacques-Alain Miller. À lui, je dis un merci tout spécial. Je remercie aussi Marie-Lorraine Colas dont la sensibilité et la perspicacité contribuèrent à la clarté de mon propos. Et puis il y a les jeunes auprès de qui j'ai pu en établir et en vérifier l'actualité, Coralie, Alexandre, Léo, Jonathan, Jérôme, Élodie, Antonia, Noé et Tom. Merci à eux tous. Eux aussi nous enseignent, pour être ceux qui lanceront le troisième millénaire. Cet ouvrage s'adresse à leurs contemporains.

TABLE

III
L'arrangement social

CET OUVRAGE A ÉTÉ COMPOSÉ
ET MIS EN PAGES CHEZ COMPO 2000 (SAINT-LÔ)
ET ACHEVÉ D'IMPRIMER SUR ROTO-PAGE
PAR L'IMPRIMERIE FLOCH À MAYENNE
EN JANVIER 2005

N° d'impression : 61844.
N° d'édition : 7381-1589-X.
Dépôt légal : janvier 2005.

Imprimé en France